疑う力

「常識」の99%はウソである

堀江貴文

宝島社

はじめに

「常識」を疑え。

本書で僕が伝えたいことは、この一言に尽きる。

そもそも常識なんていうのは、とても曖昧で、バカバカしいものだ。いちいち辞書なんか引くことない。コミュニティのみんながなんとなくもっている共通認識、くらいに考えておけばいい。

テレビのワイドショーを思い浮かべてみてほしい。

番組のトップニュースで、たとえば、カルロス・ゴーン氏が東京拘置所から釈放されたときの様子を延々と中継放送していたりするわけだが、そのとき「ゴーン氏が作業着姿だったかどうか」などということに、報道価値はあるんだろうか。

当然ながらそんなものはない。でも、視聴率がとれる。テレビをみる人の野次馬根性を刺激する内容だからだ。

新聞社やテレビ局は営利企業だから、その行動原理は、「お金になるかどうか」によって左右される。

また、マスコミに、ニュースになりそうな情報をリークする者（情報源）にも、特定の思惑があったりする。

報道の根っこにあるのは正義や倫理だ、なんていうナイーブな認識をもっている人がいたら、今すぐ考えを改めたほうがいい。


ゴシップやデマ、フェイクニュースが氾濫する一方で、クローズドになっている重要な情報はとても多い。金持ちと貧乏人、権力をもつ者ともたざる者の間には、ゲットできる情報の格差もある。

しかし、本当に問題なのは、常識を常識だと信じて疑わない、人々のマインドそのものだ。

「ファクト」と呼ばれる物事だって、光を当てる方向を変えれば、まったく違った様相をみせることがある。「オモテ」があるのなら、「ウラ」も必ずある。

ちょんまげを結ったり、お歯黒をつけたりすることを常識だと思っている人は、もういないだろう。だから、今の日本の常識だって、10年後、20年後には、非常識になっているかもしれない。そんなものに振り回されていては、一生バカをみる。

常識を疑う勇気を持とう。ウソをウソと見破る力を養おう。

人と同じことをやっていたら損するだけだ。
ファクトに行き着くためには、自分自身の頭をつかって「なぜ」「どうして」と思考を続けるよりほかない。

堀江貴文

疑う力 「常識」の99%はウソである 目次

第1章 フェイクニュースに騙されるな!

第2章 誰も言えない「不都合な真実」

第3章 信じる者はバカをみる

第4章 「同調圧力」なんてクソくらえ！

第5章 日本の常識は世界の非常識

33

「宇宙は遠い存在」というウソ

第1章
フェイクニュースに騙されるな！

「日本の税制度」のウソ

01

日本政府に税金を払うくらいなら、アマゾンに投資したほうが生活は豊かになる

アマゾンが実現した物流効率化のメリット

アマゾンが日本に上陸したとき、出版業界や書店から「このままではロングテールの本（中小出版社がつくる少部数のマイナー本）が読者の手に届かなくなる」とクレームが沸き起こった。事実は逆だ。**アマゾンのおかげで、人気作家の小説は当然として、学者やオタクが書いた発行部数800部の本までもが全国津々浦々に流通するようになった。**

アマゾンはどんどん拡大を続ける。食品や酒、家電製品や文房具、布団に家具、アウトドアグッズから薬にいたるまで、ありとあらゆる商品を揃《そろ》えている。そこにアマゾンプライムビデオのサービスが加わり、音楽や映画、ドラマやアニメなどのコンテンツの配信まで可能になった。

「アマゾンが普及すればするほど、日本国内の書店やCDショップ、中小企業や商店が困窮する」という考え方はナンセンスだ。そういう考え方の人は、**アマゾンが実現した物流効率化のメリットを知ったほうがいい。**

卸売市場から仲卸業者や問屋に商品が流れ、末端の小売店に商品が行き渡るまで、物流や仕入れには今まであまりにも余計なコストがかかりすぎていた。つまり、そのぶんのコストは小売価格に上乗せされていて、エンドユーザーは割高な値段で商品を買わされていたというわけだ。**そのコストが、アマゾンの登場によって格段に安くなった。**

スナックや居酒屋の経営者は、業務用スーパーやコストコから必要なものを大量に仕入れている。こうした流通網は、一般の消費者には縁がなかったものだ。いわばアマゾンは、業務用スーパーやコストコの商品を、オンラインで小分けでも売れるようにしたわけだ。注文はクレジットカードを使ったオンライン決済で完結させて、見積書や請求書、領収書を発行する手間もカットした。なおかつ一定金額以上は送料無料なのだから、万々歳ではないか。

アマゾンが構築した物流システムは、もはや水道やガス、電気といったインフラに等しい。そのインフラを僕たちが活用しない手はないのだ。さらにドローンや自動運転による配達が実現すれば、アマゾンの物流はスピードアップがますます進み、最適化するだろう。極論を言えば、日本政府に税金を払うくらいなら、そのぶんをアマゾンに投資したいくらいだ。

そもそも**日本の税制度は、大胆に手を入れて改革を施したほうがいい。消費税（間接税）はもっと上げて、所得税や法人税（直接税）はアジア諸国なみに下げるべきだ。**今のままの税制度では、日本は国際競争にとても勝てない。

いびつな税率と所得再分配のまずさ

日本の法人税率はあまりにも高すぎる。 なにしろ２０１１年の法人税率は40％を超えていたのだ。アジア諸国を見渡せば、中国の法人税率は25％、韓国は10〜25％、台湾やタイは20％、シンガポールは17％、香港は16・5％と低い。第二次安倍政権になってから法人税率は30％まで引き下げられたものの、これでは日本の大企業やスタートアップ、アントレプレナー（起業家）が香港やシンガポールへ流出してしまうのは当たり前だ。

また所得税と住民税には累進課税（収入が高くなると、税率が高くなる）が採用されており、**高額所得者の最高税率（所得税＋住民税）は55％にも及ぶ。** しかし、年収１０００万円以上の人は、人口比でたった数％しかいない。その人たちに高額の直接税をかけるよりも、**消費税によって広く薄く徴収したほうが、税金の捕捉率（集まり具合）ははるかにいい。そうやって徴収した税金を、教育や社会保障にうまく再分配すればいいのだ。**

直接税の比率を下げさえすれば、わざわざ手間と時間をかけてタックス・ヘイヴン

（租税回避地）になんて行きやしない。さらに、公務員の大幅削減によって「小さな政府」に転換し、予算を減らす。法人税率と所得税率を引き下げて二重課税されない仕組みをつくれば、納税者はタックス・ヘイヴンではなく日本政府に税金を払うだろう。

そもそもタックス・ヘイヴンの何が悪いのか。大多数の個人事業主は、「節税」という名の事実上の脱税行為で税金逃れをしている。タックス・ヘイヴンを批判する連中も大なり小なり、似たようなことをやっているのだ。

話をタックス・ヘイヴンから元に戻そう。**財務省の官僚は既得権益を独占しているため、日本の税制改革は簡単には進まない。**現在のいびつな税率と所得再分配のまずさは、当分の間、是正されることはないだろう。

だったら日本政府になんて期待せず、個人はアマゾンに投資して株主になればいい。日本政府に税金を納めるよりも、アマゾンにカネを預けて研究開発に使ってもらったほうが、僕たちの生活は便利になるし、豊かになる。

「アマゾン＝黒船」と敵視するのは、いい加減、やめたほうがいい。原発を敵視するあまり、電力ナシの生活を送る変人がいる。アマゾンを使わない人間は、電力やガスの供給を拒否するに等しいほど、エキセントリックなんじゃないだろうか。

堀江の結論

1

アマゾンが構築した物流システムは
もはやインフラそのものだ

2

今のままの税制度では
日本は国際競争に勝てない

3

財務官僚は既得権益を独占し続けたいため
税制改革は簡単には進まない

02

「現金信仰」のウソ

キャッシュレスを笑う者は商売で泣く

現金を持ち歩くことにはなんのメリットもない

「現金信仰のアホ」が、日本には多すぎる。

21世紀に入ってから早くも20年が過ぎようとしているのに、紙幣や貨幣を後生大事にもち歩いている人が多いのはなぜなのか。紙幣や、硬貨がジャラジャラ入った通称「座布団財布」（分厚く膨れ上がった長財布）をジーンズの後ろポケットに入れている人もよく見かけるけれど、スリに「盗んでくれ」とアピールしているようなものだ。

日本を訪れるインバウンド（外国人観光客）は年間３０００万人を突破した。早晩その人数は年間４０００万人を突破するだろう。２０２０年の東京オリンピック・パラリンピックを見据えて、政府はようやく重い腰を上げ、キャッシュレス化を推進するべく、議論を開始した。

プロ野球・東北楽天ゴールデンイーグルスのスタジアム「楽天生命パーク宮城」では、19年４月から現金決済が不可となった。クレジットカードや電子マネーを使わなければ、ビールも弁当もグッズも買えない。

ファミレスの「デニーズ」の一部店舗でもデジタル決済が始まった。食事が終わったあとレジに並んで現金を払う手間を省き、さっさと店を出られるのだ。天丼の「てんや」でも現金不可の店舗が出てきた。**日本でもやっと「現金お断わり」の店が増えつつあるのは、喜ばしい動きだ。**

このように、「100％キャッシュレス化」について僕が持論を発信すると、決まって噛《か》みついてくる人たちがいる。彼らの主張は「お店としては、現金で支払ってもらったほうが助かる」というものだ。薄利多売で商売しているオーナーは「クレジットカード会社に支払う手数料が惜しい」とソロバンをはじく。

キャッシュレスなら人手不足も解消できる

考えてもみてほしい。店舗で現金を管理する場合、どれほどムダなコストが発生するのかを。**レジに現金があれば、不届き者の店員によるネコババのリスクもあるし、強盗に遭う可能性だってある。閉店後に現金をカウントしたりお釣りを補充したり、レジ締め作業にかかる手間もバカにならない。**キャッシュレス化を実現すれば、これらのコストをただちにカットできる。ただでさえ人手不足が叫ばれている今の時代、キャッシュレス決済を導入しなければ、遅かれ早かれお店は回らなくなると思わないのだろうか。

ちなみに、カード会社に手数料を支払ってでもキャッシュレス化したほうが、お店の業績は伸びる。**本当のお金持ちは現金をジャラジャラ持ち歩いたりなんかしないからだ。**カネ払いのいい上客、つまり富裕層はお会計がいくらになっているかなんて大して気にせずバンバン料理や酒を注文してくれる。

もっと言えば、**彼ら上客は「カード不可」の店を敬遠し足を運ばなくなる。**ビジネスパートナーや大切な友人にご馳走しようとお会計を頼んだときに「うちは現金のみです」なんて告げられたときのガッカリ感といったらない。わざわざATMに走らねばならなくなる。そんな店には金輪際《こんりんざい》、二度と食べに行こうなどと思うわけがない。

対して、**安さを求める客は使ってくれる額も少なく、クレーマーにもなりがちだ。**やや本題からズレるが、「薄利多売」のビジネスモデルがいかに非合理的かということを、いまいちど理解してもらいたい。

海外に足を運んでみれば、お金にまつわる日本の「ガラパゴス」ぶりがよくわかる。**北米やヨーロッパ諸国では、クレジットカードが使えない店舗のほうが珍しい。**コインパーキングであろうがファストフード店であろうが、基本的にどこでもクレジットカードでいける。お隣の韓国もカード先進国であり、大衆食堂であろうが安居酒屋であろうが、ほとんどどこでもカードが使える。**中国ではほとんどがキャッシュレスになっていて、物乞いなんかもQRコードをもっているらしい。**

2018年10月、日本では新たにローソン銀行ができた。セブン銀行に遅れること17年、今ごろコンビニATMを立ち上げたのだ。現金はこれからどんどん使われなくなるのが時代の流れなのに、現金の出し入れをいまさら新事業として立ち上げるとは、あまりにもセンスがなさすぎる。

18年には、みずほ銀行が大規模メンテナンスのため毎月のように全国のATMを停止したので、ジャリ銭しかない状態で連休を過ごす〝現金難民〟が続出したそうだ。

誰も彼も、行動様式があまりにも「昭和」すぎる。**モタモタしているうちに、日本は4000万人のインバウンドから巨額の外貨を取りっぱぐれることになるだろう。**「1円を笑う者は1円に泣く」という言葉があるが、今は「キャッシュレスを笑う者は商売で泣く」時代なのだ。というか、**政府が「決済方法」に準じて税制度を変えれば、一発でキャッシュレス社会が実現するんじゃないか？**と僕は思うのだが……。

堀江の結論

①

お店で現金を管理するのは
リスクも高く、コストもかかりすぎる

②

カード会社に手数料を支払ってでも
キャッシュレス化したほうが店の業績は伸びる

③

中国は物乞いがQRコードをもっているほどの
「超キャッシュレス社会」

「匠の技はレア」のウソ

03

すぐれた「職人技」のほとんどがデジタル化できる

「下積み原理主義者」のナンセンス

僕がツイッターで「寿司屋の修業なんて意味がない」と発言し、大炎上したことを、読者のみんなは覚えているだろうか。**僕が指摘したのは「下積み原理主義者」や「〝時間をかけて修業をしなきゃ一人前になれない〟原理主義者」のナンセンスさだ。**

さまざまな発明品が生み出され、産業革命やIT革命が起こったわけだが、それ以前の時代、職人は手作業でモノをつくっていた。グーテンベルクの活版印刷技術がなかった頃、人々は口伝《くちづて》で物語を伝承したり、膨大な手間と時間をかけて写本したりしていたわけだ。

しかし、紙が安価に大量生産できるようになり、**印刷機がつくられたおかげで、300円足らずで分厚い『週刊少年ジャンプ』を買える便利な世の中になった。**せっかく技術革新が起きたというのに「手書きでメモしなければ勉強が頭に入らない」とか「包丁を握るなんて10年早い」などとのたもう、精神論や根性論をふりかざす昭和なオッサンは滑稽《こっけい》だ。

僕は、「すぐれた職人の技」を機械で再現する方法を模索しなければならないと考えている。**匠《たくみ》の技をデジタル化できなければ、後継者が技術を伝承しない限り、その技は永久に失われてしまう。**デジタル化に成功すれば、コストを大幅に抑えることができ、より品質の高い商品をより安く流通させられるようになる。その結果、市場も広がる。

年間売上げ140億円「獺祭」の奇跡

実は**匠の技のほとんどはデジタル化できる。**日本酒「獺祭《だっさい》」を世界で大ヒットさせた旭酒造がその代表格だ。旭酒造は1770年、山口県岩国市の片田舎で創業した。杜氏《とうじ》（酒造りの責任者的存在）に逃げられてしまったことをきっかけに、桜井博志社長は「杜氏による酒造りをやめて、社員だけで酒を造ろう」と思い立つ。「大変だから一緒にがんばるよと言ってくれた杜氏さんがいたら、今はなかったですね」と桜井社長は述懐する。

旭酒造は、杜氏が何百年にもわたってアナログな改良を積み重ねてきた**「伝統の技」をデジタル化した。「勘」に頼り、酒蔵で寝泊まりする長時間労働をやめたのだ。**米を23％まで磨きぬき、日本酒が苦手な人でもおいしく飲める純米大吟醸《ぎんじょう》を開発した。

さらに酒蔵内を常に気温5度に保つ空調設備を導入し、一年中酒造りができる生産体制を整えた。その結果、獺祭は年間売上げ140億円に迫る急成長を続けている。いまや「Dassai」のレーベルは、世界中のグルメにその名を知られるようになった。

もともと酒造りは冬季限定の仕事だった。空調設備がない時代には、真夏に酒造りをするわけにはいかない。寒い冬場にだけ杜氏は酒蔵にこもり、夏には農業など別の仕事をしていた。今は酒蔵を365日、キンキンに冷やせる時代だというのに、考えてみれば酒造りを農閑期《のうかんき》にしかやらないなんておかしい。桜井社長はそこに目をつけたのだ。

「杜氏の技術がデジタル化できるわけがない」という言い分は、凝り固まった思いこみにすぎない。もちろん、製造過程にはテイスティングによるアナログな品質チェックも入るが、酒造りの大半の作業は機械化できるし、専門知識がない人にだって任せられる。

イチローや落合博満、松井秀喜のバットをオーダーメイドでつくってきた久保田五十《いそ》一《かず》氏というバット職人がいる。こうした匠の技は機械化不可能だと思っている人が多いようだが、そんなことはない。コストの問題で機械をつくらないだけだ。

日本刀にしても、南部鉄器や山形鋳物《いもの》にしても、小規模ロットの超高品質製品を機械でつくろうと思ったら膨大なコストがかかる。そうした**匠の技が機械化されないのは、たんに採算が合わないからだ。**

誤解しないでほしいのだが、僕は「職人なんて、もはや世の中に必要ない」と言っているわけではない。その反対で、**職人の数が今よりももっと増えてほしいと願っている。**

近年、職人の仕事をやりたがる人は少なく、後継者不足、担い手不足が深刻なのだ。

僕の知っている「イケてる職人」たちは、「匠の技は機械で再現できる」と断言する。自分にしかできなかった仕事が機械でも再現できるようになれば、彼らはほかの新しい仕事に時間を割《さ》くことができる。クリエイティブな仕事をしている人たちにとっては、願ってもないことである。

3Dプリンターの発明が、モノづくりに従事する人たちにもたらした恩恵ははかり知れない。機械がジャコジャコ仕事をこなしてくれている間に、人間は別のモノづくりや商品開発、イノベーションに取り組む。

昔はみんなソロバンをはじいて手作業で計算し、膨大な書類を手書きで作成していた。そんな仕事のほとんどが現にデジタル化しているわけだし、半導体や原子力発電のようなハイテク産業も機械化されているではないか。**アナログな職人は機械と共存共栄できる。**そうすれば、職人の仕事の幅は広がり、収入だって大幅に増えるのだ。

堀江の結論

①
大ヒット日本酒「獺祭」の製法はデジタル化されている

②
「イケてる職人」は技術のデジタル化に積極的だ

③
「仕事」は機械に任せ、イノベーションに取り組もう

04

「出稼ぎ先」として日本は外国人からソッポを向かれ始めている

「移民アレルギー」なんて言ってる場合じゃない

日本政府は2025年までに新たに50万人の外国人労働者を増やすそうだ。現在、日本では介護・看護、建設、コンビニやファストフードなど、賃金が安いのに3K（キツい、汚い、危険）といわれる労働現場では、深刻な人手不足に悩んでいる。

外国人労働者を50万人増やすにあたり、18年秋の国会は荒れた。自民党としては、「移民を増やす」とは宣言しづらい。「日本のインフラや社会保障は日本人のためだけに使うべき」と考える了見《りょうけん》の狭い保守層の支持者から、突き上げを食らうからだ。だから自民党は「移民ではない」と苦しい言い訳をした。その結果、**「外国人実習生」という名の〝ブラック移民〟が劣悪な条件でコキ使われるという惨事が起きているわけだが、まさに現代の奴隷制度というべきものだ。**

5年間で50万人移民を増やしたところで、人手不足は解消できない。介護・看護業界の離職率はあまりにも高いし、ガテン系の肉体労働者は高齢化が進み、リタイアする人数が、新規就労者を上回るからだ。**どんどん移民を受け入れない限り、日本が今の社会体制をキープできないことは火をみるよりも明らかだ。**

しかし日本には「移民アレルギー」を発症している人間が多すぎる。「犯罪が急増する」という電波系の妄想に脅える人までいる。彼らの言うことが真実だとすれば、移民だらけのシンガポールは今ごろ「犯罪大国」になっていてもおかしくないはずだが、そんな話は聞いたことがない。

それに**経済も文化も、ダイバーシティ（多様性）の融合でより面白くなる。**日本社会に外国人が増えて均質性が薄まれば、凝り固まったオヤジ的発想を打ち破るイノベーティブな世の中により近づくだろう。

世界と比較して、貧しくなりつつある日本

とかナントカ言っているうちに、これから移民受け入れ政策に本腰を入れたところで、「手遅れ感」は否めない。自民党のオッサン議員たちは「日本は世界第3位の経済大国だ」と高度成長の幻想に浸り、相変わらずアジア諸国を一段も二段も下に見ているのだろうが、実のところ、**日本は出稼ぎ先として選ばれなくなりつつある。**中国や韓国、香港やシンガポールなど、移民にとって魅力のある国はほかにいくらでもあるのだ。

「移民が来たら困る」と脅えている人は、まだ日本が豊かだと錯覚しているのだろうが、世界各国と比較して、日本は貧しくなりつつある。**いつまでも経済大国ヅラして威張っているうちに「バーカ、オレらは日本になんて行かねーよ」と思われ始めているということだ。**日本の賃金が他国と比べてもっと安くなれば、安い時給で買い叩《たた》いている外国人のアルバイト要員はそのうち誰も来てくれなくなる。

いまや、日本は海外の人から「先進国」「給料が高い」なんていう憧《あこが》れのまなざしを向けられてはいない。デフレや円安の影響もあり、「日本の物価は安い」とみられているし、労働者からは「時給が安すぎるが、短期的な出稼ぎと割り切って働いてやろう」くらいに思われている。**近年、インバウンド（外国人観光客）が増えているのは、他国のほうが豊かになってきたという一面もあることを見落としてはいけない。**

巷《ちまた》のオッサンやオバサンは「韓国人は声がデカくてうるさい」とか「中国人はゴミの捨て方がデタラメだ」などと勝手なレッテルを貼り、ヘイトスピーチ寸前の外国人フォビア（恐怖症）を平気で口にする。

言語によって発声や発話は違うのだし、ゴミ捨てのルールや分別なんて、日本人が細かくやりすぎているだけだ。それでも郷《ごう》に入っては郷に従えと言うのなら、ゴミの分別を一から説明してあげればいい。日本人同士だって、上から目線や色眼鏡で相手を見ていては、絶対に仲良くなれない。相手が外国人ならなおさらだ。他人との違いを、違いとして認めることすらできないのなら、日本は移民からソッポを向かれても仕方ない。

閉鎖的なムラ社会的心情に陥りがちな日本人が、いきなり思考法を変えるのは難しいと思う。**移民を受け入れられないのなら、日本に短期滞在するインバウンドを増やすほかなかろう。**２０１８年、日本を訪れたインバウンドは初めて３０００万人を超えた。この調子でいけば、東京オリンピックが開催される20年にはインバウンド４０００万人時代が到来するかもしれない。日本にとって千載一遇のチャンスだ。

多様な国籍の人々と言葉を交わし、お互いを認め合う。そんな当たり前のマインドを都会にも田舎にも浸透させなければ、移民どころかインバウンドすら受け入れられずに失敗する。

もっとたくさんの外国人に足を運んでもらい、日本のファンになってもらうこと。そして短期滞在から長期滞在に切り替えていってもらうこと。超少子高齢化が進む今、この二段構えを意識的に成功させなければ、日本の社会システムを今までどおり維持するのは難しいだろう。

堀江の結論

①

「外国人実習生」という名のブラック移民が奴隷のようにコキ使われている

②

日本へのインバウンドが増えているのは他国のほうが豊かになってきたからだ

③

インバウンドをもっと増やし、短期→長期滞在型に切り替えてもらうべし

「働き方改革」のウソ

05

ブラック労働に甘んじている限り待遇は改善されない

介護士や保育士は誰でもできる仕事

誰も言わないことをはっきり言おう。介護士や保育士は、誰でもできる仕事だ。資格が簡単に取れるので、「なりたい」とさえ思えば、ほとんどの人がその夢を叶えることができる。言わずもがな、これらの仕事に、医師や弁護士に求められるような高い専門性は要求されない。需要と供給のバランスの話で、**時給やギャラは、仕事の希少価値に左右される。レア度が低い仕事に、高いギャラが支払われないのは当たり前だ。**

外国語の同時通訳には特殊技能が必要だし、テクニカルターム（専門用語）に明るくなければ正確に意志を伝達できない。山形鋳物《いもの》や南部鉄器の職人は、欧米や中東の富裕層をもうならせる高い技術をもっている。結果的に、すぐれた通訳や職人には飛び抜けて高い報酬が支払われる。

子どもの世話は、もともとは家庭で誰もがやってきたこと。共働き世帯やシングルマザーが増えるにしたがって、その仕事がアウトソーシングされるようになったわけだが、**保育士の給料アップのために、これ以上の補助金は投入できないだろう。**補助金というと聞こえはいいが、世のお父さんお母さんが日常的にこなしているような仕事の給料を高くするために、よりたくさんの税金が使われることになるわけで、**受益者（＝子育て家庭）負担を増やそうという議論に行き着くのがオチだ。**

僕の「誰でもできる」発言が炎上したとき、「保育士は大変な仕事です」「自分は誇りをもってやっています」と食い下がる人たちもいたが、およそ的外れな反論だと思う。**僕はそもそも、介護士や保育士の仕事をバカになんかしていない。**当然ながら、「ラクな仕事です」なんて一言も言っていない。言葉の上っ面だけを見て脊髄反射せず、冷静に考えてもらいたい。彼らがブラック労働に甘んじて働き続けているから、悲惨な現状がいつまで経《た》っても変わらず、環境や待遇が改善されないともいえるのだ。

奴隷でもないのに、どうして働き続けるのか？

勤続7年目の保育士が、ツイッターで給与明細を公開して話題になったことがある。その人の手取り給料は月額11万円ちょっとだった。これではシェアハウスで暮らすのが精一杯だし、シングルマザーだったらとても一人ではやっていけない。これには同情せずにはいられなかったが、どんなにがんばっていようが、勤続年数が多かろうが、構造的に報われない職種だということも事実だ。一般的な保育園で漫然と勤務し続ける限り、高給を望んでも叶わぬ夢だろう。

3K労働のわりに給料が安すぎることに納得がいかないのなら、そんな仕事はスッパリ辞めるべきだ。**職業選択の自由という権利を行使して、ブラック労働の経営者に一泡吹かせてやればいい。**

事実、介護や保育の仕事は長続きしないことで有名だし、一斉退職によって保育園の存続が危機に陥った実例もある。労働者が団結し、バカげた低賃金労働にソッポを向いて抗議すれば、経営者は人手不足で困り果ててしまうだろう。そうなれば、**雇用する側は時給を上げるなどして待遇を改善せざるをえなくなる。**

この問題をなんとかしたいのなら、待機児童問題や介護問題に悩む人たちが集まって政治団体をつくり、ロビイングによって政治家に圧力をかければいい。「数は力」だから、そのような活動を組織的に展開すれば、行政を動かせる可能性はある。僕はこの種の政治活動にはまったく興味がないけれど、**自分たちの身は自分たちで守ろう、という覚悟をもつことは大事だ。**

誰もやりたがらない仕事を引き受け、ひたむきにがんばる。こんな働き方をしている限り、給料は永久に上がらない。むしろ、「食べていくために」我慢して働いている人たちのせいで、労働単価が上がらないのだ。**誰もやりたがらなければ、むしろオートメーション化が進み、本来は人間がやらなくていいような面倒な仕事は機械やＡＩが引き受けてくれるようになる。**つまらない仕事は機械任せにして、人間はもっとクリエイティブな活動に時間を割けるようになるので、経済はより発展する。ブラック労働について、僕はいつも「嫌なら辞めろ」と言うが、意地悪でも弱者切り捨てでもなんでもない。**奴隷でもないのに、どうして働き続ける必要があるのだろう？**　そう自問してほしいだけなのだ。

資本主義社会に生きる僕たちは、「誰でもできる仕事」で高い時給を受けとることはできない。「質」で勝負できないのなら、「量」をこなして合計の手取りを増やすほかないのだ。しかし、そんな状況でどんなに長時間労働しても未来はない。**目指すべきはオンリーワン。「レア」な人材になることである。**どうしても「保育士」の仕事で高給を取りたいのなら、真似《まね》されにくいサービスを売りにしたり、ＣｔｏＣのサービスに登録して、保育のサービスを受けたい人と直接つながるという手もある。**大事なのはアイデアと実行力である。**

堀江の結論

①

待遇に納得がいかないのなら、
そんな仕事はスッパリ辞めるべきだ

②

「食べていくために」我慢して働いている人
たちのせいで労働単価が上がらない

③

アイデアと実行力でオンリーワンを目指し
「レア」な人材になろう

「ゴーン氏バッシング」のウソ

06

情報操作と人質司法。東京地検は〝正義〟じゃない

ゴーン氏を「スケープゴート」にした検察の狙い

2018年11月19日、日産自動車、三菱自動車工業、ルノーのカルロス・ゴーン会長が東京地検特捜部に逮捕された。スマートフォンでニュース速報をみたとき、「またか」とため息が出た。僕もかつて同じ目に遭ったからだ。

ゴーン氏逮捕の理由は、氏が自分に支払われる役員報酬額を有価証券報告書に過少申告した金融商品取引法違反容疑、そして会社法の特別背任罪だ。逮捕直後から、**特捜部はマスコミにガンガン情報をリークして「ゴーン=悪者」のイメージをつくり上げた。**

起訴されて裁判が始まっても、司法では判決が出るまでは「推定無罪の原則」が働く（建前ではあるが）。**まだ起訴もされていないうちから人を犯罪者扱いするマスコミ報道は、「推定無罪」どころか「推定有罪」そのものだ。**これが冤罪《えんざい》だったらどうやって責任をとるつもりなのだろう。

1990年代終わり、日産は倒産すら視野に入るような経営悪化に苦しんでいた。そんな日産に「コストカッター」カルロス・ゴーン氏が落下傘《らっかさん》のように投入される。99年にCOO（最高執行責任者）に就任すると、彼は2万人以上の社員をクビにし、なんとたった4年で2兆1000億円もの借金を完済して日産をリバイバルさせたのだ。

ゴーン方式のリストラは、昭和モデルの日本の会社組織には馴染《なじ》まない冷徹なものだった。だがあのリストラがなければ、日産は「失われた10年」の不況のなかで潰《つぶ》れていたかもしれない。ゴーン氏は、日産を首の皮一枚で救った救世主だ。

しかし、**プロパー（生え抜き）でもなんでもないゴーン氏が絶大な権力を振るい、20年近くも経営陣のトップに立っていることが、一部の日本人にとっては面白くなかったのかもしれない。**特捜部は、日産の社内でくり広げられる権力闘争に目をつけて西川廣人《さいかわひろと》社長兼CEOを利用した可能性がある。

特捜部はゴーン氏を「スケープゴート」にして、世論を煽《あお》ろうとしたともいえる。たとえば、国会で金融商品取引法を改正させ、有価証券報告書の虚偽記載の量刑（10年以下の懲役）をもっと重くしたい、という思惑もあったのではないだろうか。経済事犯を追い詰めて厳罰化を推し進めれば、特捜部は自分たちの権力を維持できる。

わざと事件を分割し、勾留《こうりゅう》期間を長引かせるのも特捜部お得意の手法だ。僕は、東京拘置所には約3カ月間勾留された。ゴーン氏が釈放されたのも、逮捕から100日以上が過ぎてからのことだった。**10億円という保釈保証金も「ケタ違い」の嫌がらせだ。**

ゴーン氏は徹底抗戦すべき

そもそも逮捕後に容疑者や被告人を勾留できる根拠とは、①証拠隠滅、②逃亡の恐れの2つしかない。①②の可能性がないのにいつまでも牢屋《ろうや》に人を閉じこめておくやり方は、「人質司法」として、昔から批判されてきた。**ゴーン氏の長期勾留は『ニューヨーク・タイムズ』や『ウォール・ストリート・ジャーナル』をはじめ、世界中のメディアで報じられ、フランスの弁護士50人は『ル・モンド』（フランスの新聞）に抗議の声明を寄せた。**

僕も体験者だからよくわかるが、牢屋に長期間閉じこめられるのは拷問《ごうもん》に等しい。特捜案件の場合、接見禁止処分が出されることも多い。弁護士をのぞいて、友人どころか家族とすら面会できず、手紙のやりとりも許されないのだ。ゴーン氏は三重国籍のため、フランスやレバノンの大使、ブラジル総領事館総領事と面会できた。だからまだマシなほうだ。

牢屋のなかで孤独と戦いながら、厳しい取り調べを受ける。特捜検察からは、昨日まで自分の部下だった「茶坊主」が手のひらを返し、自分をメチャクチャに罵っているなんていう事実を告げられたりもする。これでは心が折れて、身に覚えのないこと、虚偽の自白をしたくもなる。捜査に協力することで自分の罪を減免してもらう「司法取引」もある。まさになんでもアリだ。

3畳一間の独房でせんべい布団に寝かされ、トイレは様式だが仕切りはない。暖房はあるものの稼働させないから、**東京拘置所の冬の独房はかなり寒い**。彼の場合、おそらく天井についた監視カメラで24時間監視されていたはずだ（通称「自殺監視房」）。

潰れかけていた日本のナショナルブランドをせっかく立て直したというのに、絶大な権力をもつ東京地検特捜部と経営陣に追い落とされる。人権はまるで無視の取り調べで責め立てられる。**こんな集団リンチをみせられたら、日本の会社で経営をやろうとする外国人は一人もいなくなるに決まっている。**

ゴーン氏には、東京地検特捜部に徹底抗戦してゴリゴリに闘ってほしい。幸い彼を弁護するのは「無罪請負人」の異名をとる弘中惇一郎弁護士だ。有罪率99・9％の刑事裁判で無罪を勝ちとるのは容易ではないが、**これから長い裁判を辛抱強く闘ってほしい**。非人道的な日本の人質司法をなんとかしてほしいと、元被告人の一人として真剣に願う。

堀江の結論

①

東京地検特捜部はマスコミに情報をリークし「ゴーン＝悪者」のイメージをつくった

②

検察は、経済事犯を追い詰めて厳罰化を推進し、権力維持を狙っている可能性もある

③

人権無視の人質司法が横行すれば日本の会社で経営をやる外国人はいなくなる

07

マスメディアは戦時中の体質から何一つ変わっていない

弱者をくじき、強者を救う

かつて僕は、「不偏不党」「中立」の原則を貫き、冷静に記事を書いて報道するのがマスコミ人だと思っていた。だが現実はそうではなかった。

2005年にライブドアがニッポン放送株を買収すると、同じフジサンケイグループの産経新聞やフジテレビはものすごい論調で僕を叩《たた》きまくった。**産経新聞には個人攻撃満載の社説が掲載され、フジテレビは連日にわたり、憎悪をむき出しにした感情論に尺を割いた。**

新聞もテレビも、「社会の木鐸《ぼくたく》」（世の人々に警鐘を鳴らす存在）でもなんでもない。彼らが追求するのは「発行部数」「視聴率」などといった利益、金儲《もう》けであり、話題にもならないキャンペーン報道をやりたいまじめな記者がいたとしても、たいてい上層部から潰されてしまうのだ。

マスメディアによる熱狂的なメディア・スクラム（集団的過熱取材）は、「有名税」という言い方でごまかされてきた。これはパパラッチ週刊誌がポジショントークのためにつくった言葉だ。相手が有名人だったら、事実無根のデマや名誉毀損レベルの悪口を書いてもいい、という法律でもあるのだろうか。当たり前だがそんなものあるわけがない。それなのに現実は、バイアスがかかった情報やフェイクニュースがあふれかえっている。18年、ZOZOの前澤友作《まえざわゆうさく》社長がマスメディアとネット民のターゲットにされた。若い経営者やアントレプレナー（起業家）がいなければ、新しいビジネスも雇用も生まれない。そうなれば、労働者をとりまく環境は今よりも悪化する。

その点、前澤社長は、誰も考えついたことのない新しいビジネスを次々と生み出し、日本社会に多くの雇用を生み出してきた。それなのに「出る杭《くい》は打たれる」とばかり、**前澤社長の言葉の端々をフレームアップしてぶっ叩き、マスメディアとネット民はみんなで集団リンチして彼を潰《つぶ》そうとしている。**

一介の庶民から叩き上げて成功した僕や前澤社長のような人間は叩かれるのに、どういうわけか2代目、3代目の「世襲ボンボン」経営者はまったく叩かれない。「由緒正《ゆいしょ》しい」金持ちはすでにエスタブリッシュメント（支配階層）の一部に組みこまれており、**叩き上げのアントレプレナーはアウトサイダーとして社会から排除されてしまうのだ。**

19年2月、マスコミの「マスゴミ」ぶりを象徴するバカ報道があった。水泳の池江璃《いけえり》花子《かこ》選手が白血病との闘病を公表した件について、桜田義孝・五輪担当大臣の発言が大炎上してしまったのだ。「金メダル候補ですから、本当にがっかりしております」という発言だけが切り取られ、桜田大臣は猛バッシングを受けた。

この「がっかり」発言だけを耳にすれば、誰もがムカッとするだろう。**だが真相は違った。会見の全文を読んでみると、桜田大臣はヘンなことは言っていない。**記者から池江選手の話題を振られたあと、彼は「治療を最優先にして」「元気な姿を見たい」「またがんばっている姿を我々は期待してます」と、温かいエールを送っているのだ。

こういうニュースを報じるとき、汗だくで顔が真っ赤、うつむき加減の写真ばかり選ぶのもマスメディアの常套《じょうとう》手段だ。一回の取材で1000枚を超える写真を連続激写し、「ヘン顔」をした写真だけをピックアップして悪印象を植えつける。**普通の人を極悪人に仕立てる印象操作をするのだ。**僕もかつてよくやられた。今では、公開前に記事チェックをさせてくれないメディアからの取材はすべて断わるようにしている。

自社メディアにとって不都合な情報はすべて叩き潰す

新聞の発行部数がものすごい勢いで減少し、若者の「テレビ離れ」はますます進んでいる。かつて、**御巣鷹山《おすたかやま》墜落事件をテーマにした『沈まぬ太陽』の映画化をＪＡＬはストップできなかった。ＪＡＬの経営体力が落ちていたためだ。**同様に、やがてマスコミ各社の経営体力がなくなれば、アンチマスコミの世論に歯止めがかからなくなり、大手メディアの既得権益を死守できなくなると思う。

フジテレビをはじめとするテレビ局は、自らの地位を守りたいがためにいつまでも院政を敷くゾンビみたいなジイサンたちに牛耳《ぎゅうじ》られている。彼らのような「老害」経営者が従業員にとんでもない高給をバラまき、自社メディアにとって不都合な情報はすべて叩き潰している。しかも本来「みんなのもの」であったはずの電波を独占し、格安で使い倒しているのだ。

記者クラブというギルド的寡占《かせん》がなくなれば、大手メディアが一次情報ソースを不法占拠することはできなくなる。そうなれば、マスメディアはいらなくなる。**そうなったときに初めて、日本のメディア報道は生まれ変わることができる。**戦時中、大本営発表に徹して政府にシッポを振っていた頃から、マスメディアの体質は何一つ変わっていないのだ。

堀江の結論

①

ほとんどのメディアは営利企業。
追求するのは正義でなく利益だ

②

桜田大臣の「がっかり」発言は
完全なる「切り取り」報道だった

③

記者クラブというギルド的寡占がなくなれば
日本のメディア報道は生まれ変わる

第2章

誰も言えない「不都合な真実」

「バイトテロ報道」のウソ

08

「バイトテロ」を報道するくらいなら「ホンモノのテロ」を防ぐ手立てでも考えろ

いつの時代もバカは一定数、ボーフラのように湧いてくる

近年、「バイトテロ」とかいう悪ふざけがテレビやネットでやたらと話題になっている。バカなアルバイト店員が冷蔵庫やキッチンで寝転がったり、飲食店の食べ物で不衛生ないたずらをしたり、皿で股間を隠してみたりする。そんな様子を写真や動画で撮影するにとどまらず、とち狂ってＳＮＳやＹｏｕＴｕｂｅにアップしてしまったりするものだから、たちまち大炎上する。

客に出す料理にイモムシや下剤を入れたりするならともかく、**大半のバイトテロは実害をともなっていない**。そもそもが愚にもつかない悪ふざけなのだし、ニュースとしての報道価値もゼロに等しい。**テレビが完全無視して報道しなければ、企業イメージが悪化して客が激減するなどという二次被害も発生しない**というのに、なぜこれほどの騒ぎになっているのだろうか。それは簡単なことで、**バイトテロ報道は視聴率がとれるのだ。**手軽に注目を集められる格好の暇ネタとして、バイトテロはマスコミの肥やしになっているというわけだ。

飲食店でのバイト経験がある人なら、厨房《ちゅうぼう》がどんな状況に置かれているか、だいたい

の想像がつくと思う。食べ物がある場所には、ネズミやゴキブリが出没する。食材が腐ったりカビが生えたりすることだってある。従業員が、とんでもない見た目のまかないメシをつくって食べることだって日常茶飯事だ。

大学生時代に塾講師のアルバイトをしていたとき、教え子の高校生から「ファミレスでメシ食わないほうがいいですよ」と言われたことがある。バイト経験者の彼らが言うには、誤って床に落としてしまったハンバーグを焼いてシレっと客に出すというのだ。

美人の客がいたら、食器を下げたときにフォークやスプーンを舐《な》める変態店員だっているると思う。そんなことをいちいち気にしていたら、ファミレスにも居酒屋にも怖くて行けなくなってしまう。

バイトテロなんて昔からあった。スマートフォンが普及し、SNSやYouTubeで誰もが動画や写真を投稿できるようになったために、陰に隠れていたはずの不適切行為が可視化されるようになっただけだ。**そんな悪ふざけに実害なんてないのに、ニュースに影響されやすいナイーブな人たちは「とんでもない犯罪だ」とばかりに騒ぎ立てる。**あわてた企業側が、動画や写真を投稿したバイトに損害賠償を求めるなんて動きもある。

いつの時代もバカは一定数、ボーフラのように湧いてくるものだ。残念ながら、バイトテロ発生率をゼロにすることは困難だろう。そもそも、**最低時給に近い安い賃金で働くアルバイト店員に「モラル」まで求めるのはおこがましいことだ。**

それでも、どうにかして対策を講じたいというのであれば、「店内にスマートフォンを持ちこんだら罰金」というルールでもつくって、厨房に監視カメラでも置いて従業員を監視すればいいのではないか（ムダなコストがかさむが）。あるいは、バイトの制服から「ポケット」をなくしてしまえばいい。

特攻隊、極左テロ、オウム真理教……日本は〝テロ先進国〟

ちなみに日本は、国際社会からみれば（本当の意味での）「テロ」先進国だ。太平洋戦争では、零戦《ゼロ》に乗った少年兵が神風特攻隊として敵の戦艦に次々と突っこんでいった。「回天《かいてん》」という人間魚雷で戦艦に突っこむという、クレイジーな作戦も敢行された。**国のためなら身命《しんみょう》を投げうつ日本兵の姿は、ワールド・トレード・センターにジャンボ旅客機で突っこんだアルカイダのテロや、IS（イスラム国）の自爆テロに大いにインスピレーションを与えたともいわれている。**

1969年には赤軍派が「よど号」をハイジャックして北朝鮮へ渡り、70年代には日本赤軍によるハイジャックや空港での銃乱射事件も起きている。当時は空港のセキュリティチェックがユルユルだったから、ゲリラ兵が飛行機内に容易に武器を持ちこめたのだ。一連の事件をきっかけに、空港のセキュリティチェックは強化された。

2008年には、加藤智大《ともひろ》という男が秋葉原で無差別通り魔殺人事件を起こした。確実に人を殺すべく、加藤はダガーナイフの使い方を熟知していたらしい。短時間で7人を殺害した。人混みに車両で突っこむという手法もまた、都市型テロの悪い見本にもなってしまった。

オウム真理教の地下鉄サリン事件も、世界のテロリストにとって格好の「生きた教科書」となった。17年、クアラルンプールの空港で金正男《キムジョンナム》（金正恩《ジョンウン》の実兄）が殺害されたが、武器として使われたのはVXガスだった。VXガスによるテロは、オウム真理教が生み出した手法だった。

このように日本はテロ先進国として悪い意味で世界に教訓を与えているのだから、**バイトテロごときに目くじらを立てている暇があったら、「ホンモノのテロ」を防ぐ手立てでも考えて世界に発信してほしいものである。**

堀江の結論

①

マスコミが報道価値ゼロの「バイトテロ」をニュースにするのは、視聴率がとれるから

②

安い賃金で働くアルバイト店員に「モラル」まで求めるのはおこがましい

③

日本は〝テロ先進国〟として悪い意味で世界に教訓を与えている

「ナショナリズム」のウソ

09

「国」や「国籍」などのボーダーに固執する奴は時代に取り残される

中韓のことが気になって仕方がない「ネトウヨ」たち

はじめに言っておくが、**僕は人種差別する奴《やつ》が大嫌いだ。**自称「保守層」やいわゆる「ネトウヨ」は、なぜあそこまで中国や朝鮮半島を毛嫌いするのだろう。書店の新刊コーナーには嫌韓・嫌中本がこれでもかと並ぶ。**まったく関心がないんだったら、普通は完全スルーするだろう。**そこまで執拗《しつよう》にけなすというのは、実は隣国のことが気になってしかたがない、という人が一定数存在するということだ。そうして、バイアスだらけの偏った言論があふれるのだと思う。

当然、ネットやSNSでも韓国や中国をディスったり、差別感情をむき出しにする書きこみが多い。わりと影響力があるインフルエンサーやブロガーまでもが、クソのようなレッテルを貼った記事を拡散したりするから、げんなりしてしまう。東アジアの近現代史を知らないバカな芸能人やコメンテーターがワイドショーでしゃべったことが、ネットで拡散するのも不毛である。

バカは活字を辛抱強く読むことができないから、タイトルやキーワードだけを感覚的、感情的にとらえて脊髄《せきずい》反射する。何が起きているのか、状況すらよくわかっていないバ力をターゲットに、ネット媒体で差別意識を助長するべきではない。安易な記事を拡散して偏見を助長すれば、結果的に誰もが損をする。

そもそも、ボーダレス化とグローバリゼーションが加速する今日、「国」とか「国籍」というボーダー（境界線）に固執するのはナンセンスきわまりない。**ボーダーを維持しなければ命が危ない、と信じているバカは、無人島にでも引きこもって「おひとりさま鎖国」でも始めればいい。**

戦時中の日本人は「一億総火の玉」「滅私奉公」「欲しがりません勝つまでは」などというキャッチコピーのもと、日常生活や財産、家族の命までも「お国のために」差し出した。本来、国家とは国民にサービスするための存在なのであって、「国のために死ぬ」なんていう発想は完全に本末転倒だ。

万が一、日本が他国との戦争に巻きこまれるようなことがあれば、僕はあらゆる手段を使って安全な国に逃げる。逃げることも考えず、あえてヤバい場所にとどまるような人間は、土地や家、常識に縛られて思考停止状態に陥っているといえる。「国」や「国籍」なんて投げ出して、自分の命を守ることのほうが大事に決まっている。

アメリカのトランプ大統領を思い浮かべてほしい。理屈でなく感情で語ってしまう政治家は、実は人気を集めやすいのだ。トランプ氏の語る言葉はわかりやすいし、歯に衣着せぬ物言いには爽快感さえある。こうした「ポピュリズム」に大衆が熱狂し、国家権力が暴走すれば、気づいたときには、大義名分のもとに戦争が始まってしまっていたりするのである。誰かを殺したら、ただちに逮捕されて殺人罪に問われるが、戦争で他国の人を殺しても、国際法に触れなければ無罪だ。戦争の本質とはそういうものなのだ。

コスパを考えるなら「敵対」よりも「友好」

エネルギー小国である日本が生き残る道。それは、まわりの国と仲良くすること、世界平和を推進することだ。どんなに「中国や韓国、北朝鮮が嫌い」だと言ったって、国ごと引っ越すわけにはいかないだろう。東アジア諸国とケンカするのではなく、関係を良くするために労力をかけたほうがはるかにコスパがいい。

グローバル企業がますます影響力を強める今日、国境を取り払ったコスモポリタニズム（世界市民主義）が世界レベルでの「常識」となる日が近いうちに訪れる。**コスモポリタニズムの考え方と対極をなすナショナリズムは、いずれ滅びるだろう。**現に政府が発行する通貨よりも、グローバル企業が発行する株式のほうが価値が上だ。不安定なジンバブエやベネズエラの通貨よりも、アップルやグーグルの株のほうが断然信頼度が高いではないか。**グローバル企業は、いまや一つの国家よりも巨大な力をもっている**のだ。

イギリスの上流階級には「ナニー」という子守《こも》り役が仕えている。彼らの任務は、家主の坊ちゃんやお嬢さんに栄養たっぷりの食事を与えることだ。病院メシや刑務所メシがその典型だが、栄養第一でつくられた食事はあまりおいしくない。イギリスの上流階級に「ウマいものを食べよう」というインセンティブは根づかなかった。

そんな「イギリスのメシ文化」が多少なりとも変化したのは、産業革命と冷蔵船の発明によるところが大きかった。19世紀に入ってから、アルゼンチンにあったおいしい肉を冷蔵船で輸入できるようになった。そのおかげでイギリス人は肉のうまさに目覚め、イギリスでは肉料理が普及した。

19世紀とは比較にならないスピードで人・モノ・カネが瞬時に移動する現代。国や思想といった「枠組み」にこだわる石頭は、間違いなく時代に取り残される。**僕にとって、国民国家なんて絶対的なものでもなんでもないので、思想に「右」も「左」もない。**強《し》いて言えば、僕は「宇宙人」として今を生きているのだ。

堀江の結論

①
コスモポリタニズム（世界市民主義）が
やがて世界の常識になる

②
政局不安定な国の通貨より
アップルやグーグルの株のほうが信頼度が高い

③
僕は「宇宙人」として今を生きている

「原発は危ない」のウソ

10

原発アレルギーの「放射脳」な人たちは現実をわかっていない

陰謀論もフェイクニュースも利用する

２０１１年3月11日の東日本大震災から、丸8年が過ぎた。大事故を起こした福島第一原子力発電所では、今も多くの職員が廃炉作業に従事している。全国各地で、５万３０００人もの被災者が今も避難生活を送っている（19年1月現在、復興庁）。あのような悲惨な事故は、もう二度と起こしてはならない。

それを踏まえたうえであえて言いたい。日本が今すぐすべての原発を廃炉にし、脱原発の道を歩むことは不可能だ。**福島で事故が起きたからといって、「原発は二度と使うべきではない」と結論づけるのはあまりに短絡的だ**と思う。人類の文明の進歩を信じられない、単なる諦めではないか。

「原発再稼働」と聞いた瞬間にヒステリーを起こす人のことを、僕は「放射脳」と揶揄《やゆ》してきた。原発に極端なアレルギー反応を示し、極論に走る人のいかに多いことか。興奮状態に陥っているため、冷静な議論すらできない。今、日本が置かれた現実を直視できない、したくないのだ。「放射脳」の人々に限って、不確かな噂《うわさ》やデマに躍らされることが多いから、なおのことタチが悪い。

「放射脳」で頭が沸騰《ふっとう》している「脱原発」真理教信者は、原発を廃炉にするという目的のためならば、陰謀論でもフェイクニュースでも心の拠《よ》り所にしてしまう。僕が心配するのは、彼らの感情論が、有事の際に人命を危険にさらすということだ。

18年9月6日の深夜3時過ぎ、最大震度7の地震が北海道胆振《いぶり》東部を直撃した。この地震によって、苫東厚真《とまとうあつま》火力発電所が破壊されて電力供給がストップ。この発電所1カ所だけで北海道の半分程度の電力をまかなっていたために、ほかの火力発電所まで機能不全に陥った。電力インフラのハブ拠点が、地震で「死んだ」わけだ。

東日本大震災の影響で、**泊《とまり》原子力発電所は12年以降稼働していなかった。だから、電力供給をカバーすることができず、なんと地震直後から北海道全域約３００万世帯がブラックアウト（停電）に陥った。**

苫東厚真発電所が復活するまでに、丸1カ月以上がかかっている。電力インフラが麻《ま》痺《ひ》したことによって、地震にともなう二次災害が各地で発生した。これが真冬であれば、とんでもない数の北海道民が凍死していただろう。それでも「放射脳」の人々は、道民に理想論を押しつけるのか。

今すぐ泊原発を再稼動すべき

僕はロケット開発推進のために、２０１５年末に北海道大樹町《たいきちょう》に住民票を移した。ロケット実験のために、北海道にはしょっちゅう足を運んでいる。**北海道民の一人として、声を大にして言いたい。「今すぐ泊原発を再稼働するべきだ」と。**

19年2月21日には、苫東厚真発電所がある厚真町で最大震度6弱の地震が発生した。今回は発電所停止とブラックアウトは避けられたものの、胆振東部地震クラスの巨大地震が真冬の北海道で起こる可能性は否定できない。氷点下20度以下というとんでもない寒さのなかで暮らす道民の命を守るため、泊原発をリスクヘッジとするべきだ。

東北や北陸以外の地域で暮らす住民ならば、大地震が起きた直後、一時的に車中泊することにはなんの問題もないだろう。だが冬の北海道ではそうはいかない。北海道では車にどんどん雪が積もって排気がうまくいかなくなり、中にいる人が一酸化炭素中毒死するリスクがあるのだ。

たった一晩で50センチもの雪が積もるなか、暖房器具が止まれば室内でも氷点下まで冷えこむ。**安易な「脱原発」をかかげる理想論者たちは、真冬の北海道の厳しさをまる**

で知らない。イデオロギーのためなら、彼らは道民が凍死してもいいと言うのだろうか。

太陽光や風力を利用した再生可能エネルギーは、500万人超の道民のライフラインとしてとうてい充分なものではない。苫東厚真発電所が止まったときの代替発電手段として、選択肢は「泊原発の再稼働」しかないのだ。

北海道胆振東部地震が起きた当時、稼働停止中の泊原発では、使用済み燃料プールの冷却が行なわれていた。外部電源がストップしたため、非常用電源に切り替えてプールの冷却を続行している。

大震災や津波の発生を想定して事前に準備を整えておけば、こうしてリスクを回避することは可能だ。福島第一原発事故の悲劇を二度とくり返さないため、万全の策を練って防災・減災に努めれば、原子力発電を「住民の命綱」として有効に活用していける。

もちろん**日本は地震大国だけに、「原発を永遠に手放すな」とまでは言わない。**中長期的には、原発依存からの脱却を検討するのもいいだろう。**問題は「今すぐすべての原発を廃炉にせよ」と叫ぶ人々の存在**だ。極端な政策転換は、必ずひずみをもたらす。

人々の生命と安全を守るライフラインは、急進主義ではなく漸進《ぜんしん》主義で慎重に運用していくべきだ。

堀江の結論

①
「脱原発」にしがみつく人たちの感情論が
有事の際に人命を危険にさらすこともある

②
原発は「住民の命綱」として
有効活用していける

③
「今すぐすべての原発を廃炉に」
という主張はあまりに非現実的だ

11

「厳罰主義」のウソ

冤罪の可能性をゼロにできない限り死刑制度には反対だ

何が違法で何が合法かは立法次第

東京地検特捜部に逮捕され、実刑判決を受けて長野刑務所に服役した人間として言いたい。**ピエール瀧氏に対するメディア・バッシングは明らかにやりすぎだ。**

コカイン使用容疑で逮捕されたとき、ピエール瀧氏はまだ起訴すらされていなかったのに、全メディアが彼を凶悪犯罪者と決めつける「推定有罪」報道を繰り広げた。別項でも触れたが、日本の司法制度には建前上「推定無罪」の原則がある。それにもかかわらず、**マスメディアはこの原則に逆行して、あたかも「ペンをもったおまわりさん」「ペンをもった裁判官」のごとく騒ぎ立てている。**

長野刑務所で、僕は何人もの薬物系受刑者に会った。よく「売人がヤクをやったらおしまい」と言われるように、売人の多くは依存症患者ではない。ヤクをやって捕まった人だって、コミュ障でもなく粗暴でもない、いたってノーマルな「いい人」が多い。

そんな出所者の半分以上が、再犯で刑務所に戻ってくる。袋貼りなどの作業や雑務を懲役刑として科すだけじゃなく、本来は依存症を治すプログラムを獄中で受けさせなければならないのに、法務省は「薬物依存症は病気」と認めていない。出所後にも「前科者」というレッテルがつきまとう。**元受刑者への差別は、再犯率を高める原因にもなる。**

薬物乱用には「殺人なみ」に厳しい拒絶反応を示すのに、日本は酒にはおおらかなアルコール天国だ。アメリカでは道端で酒を飲んでいるのが見つかったら、一発で現行犯逮捕される。ハリウッド映画なんかで、よく紙袋に瓶を隠して酒をあおるシーンが出てくるが、アメリカに行ってみて初めて、その意味が理解できた。

日本では電車の中であろうが街中であろうが、缶チューハイや缶ビールを片手にウロウロしている酔っぱらいがいる。泥酔して大騒ぎしてもおとがめなし。野外で酒を飲みまくる花見なんて、アメリカ人にとってはアンビリーバボーな光景だろう。大麻は日本では違法だが、いくつかの国では合法化されている。大麻には実に1000年以上の歴史があり、医療にも欠かせない存在なのだ。

つまり、**何が違法で何が合法であるかなんて、国の立法次第なのだ。**日本だって1940年代まで、覚醒剤も大麻も合法だった。「神風特攻隊」として敵の戦艦に突っこんでいった少年兵や、最前線に配置された陸軍兵らにも、ポン（覚醒剤）が支給されていたらしい。死の恐怖を和《やわ》らげるために薬物の力を利用したのだ。戦後復興のため、馬車馬のように働いた「ド貧乏」日本人たちは、薬局でヒロポン（疲労が取れるポン）を買って眠らずに労働に勤《いそ》しんでいた。

アメリカでも旧ソ連でも、かつて禁酒法が制定されたことがあった。ところがフタを開けてみれば違法居酒屋が大盛況となり、禁酒法以前よりも大量の酒が世の中に流通した。売上げはマフィアが吸い上げ、禁酒法のおかげで地下経済が大いに潤った。**薬物や酒といった嗜好品《しこう》は、禁止・厳罰化すればするほど流行《はや》るというジレンマがあるのだ。**

韓国にならって死刑制度を停止してみてはどうか

カジノ解禁にともなって、日本でもギャンブル中毒者の問題がクローズアップされている。大半の人は中毒手前のところで競馬やパチンコ、麻雀や花札を楽しんでいるのであって、約106億8000万円をカジノで「熔《と》かした」という大王製紙の井川意高《もとたか》元会長のような突き抜けたギャンブル依存症はごくごく一部だ。

ピエール瀧氏を凶悪犯罪者扱いしてぶっ叩《たた》くのではなく、治療プログラムを考えて支援するのがまっとうだ。「依存症＝病気」と捉えなければ、問題の本質を見誤ってしまう。

また**「推定無罪」の原則に立つならば、薬物事件も殺人も強姦《ごうかん》も、すべての容疑者・被告人について冤罪《えんざい》の可能性を疑わなければならない。**「足利事件」で逮捕されて17年半も牢屋《ろうや》に閉じこめられていた菅家《すがや》利和氏は、冤罪による完全な誤認逮捕だった。「郵便不正事件」で逮捕された厚生労働省の元キャリア官僚・村木厚子氏も、大阪地検特捜部によるデッチ上げ捜査の被害者だ。

俳優の新井浩文氏がレイプ容疑で逮捕されたが、**レイプや痴漢といった性犯罪は冤罪を生みやすい。**だからこそ、マスコミはヒステリックになってはいけない。強姦ではなく和姦だった可能性だってゼロではないのだ（だから慎重に裁判を注視する必要がある）。

和歌山カレー事件の林眞須美死刑囚は、**実は物的証拠が何一つないのに、状況証拠だけで死刑判決が確定してしまった。この事件は、冤罪の疑いも否定できない。**現在日本には１００人以上もの死刑囚がいるけれど、冤罪の可能性をゼロにはできない限り、僕は死刑制度には反対だ。

韓国にも死刑制度はあるが、97年を最後に死刑執行はされていない。死刑制度をいきなり廃止するのは難しいだろうから、まずは韓国にならって死刑執行を停止してみてはどうか。「厳罰化で犯罪を抑止できる」というアプローチは間違っている。

堀江の結論

①
薬物やアルコールへの依存は治療が必要な「病気」だ

②
冤罪の可能性をゼロにするのは不可能に等しい

③
「厳罰化で犯罪を抑止できる」というアプローチは間違っている

「領土問題は最重要」のウソ

12

尖閣諸島は中国に、竹島は韓国に、北方領土はロシアにあげちゃえば？

「領土」よりも「命」が大切

2011年2月、『朝まで生テレビ！』に出演したとき**「尖閣《せんかく》諸島は中国にあげちゃえば？」と言ったら大騒ぎになった。**スタジオにいた竹田恒泰《つねやす》氏や金美齢《きんびれい》氏がキレまくり、その後も右バネ勢力からずいぶんとバッシングされたものだ。

今も僕の考え方はまったく変わっていない。はっきり言おう。しょうもない領土問題なんかをめぐって**近隣諸国との関係が悪化するくらいなら、尖閣諸島は中国に、竹島は韓国に、北方領土はロシアにプレゼントしてしまえばいい。**

とりわけ習近平《しゅうきんぺい》国家主席が率いる中国は、日本を攻撃することに及び腰ではないと思う。太平洋戦争によって300万人以上の日本人が死亡し、原爆まで落とされただけに、日本人のなかには生々しい戦争の記憶がいまだに焼きついている。中国と戦争したいと本気で思っている日本人はほとんどいないはずだ。

だが中国は違う。日中戦争でコテンパンにやっつけられ、日本から植民地支配された記憶は色濃い。戦後も文化大革命のせいで経済は停滞し、改革開放路線を経て経済成長を果たすまでには長い時間がかかった。「日帝憎し」と強い反日感情を抱く人は多い。

そんな**中国を敵に回し、領土問題をめぐって紛争を起こすくらいなら、尖閣諸島なんて中国にあげてしまったほうがコスパがいいに決まっているのだ。**

民主党政権時代、日中関係は尖閣諸島をめぐって非常にまずい状況まで悪化した。10年9月には、中国の民間漁船が海上保安庁の巡視船に体当たりする事件も起きている。あのとき対処をしくじっていたら、紛争に発展する可能性もあったのではないかとさえ思う。

12年には、東京都知事を務めていた石原慎太郎氏が突然、私有地だった尖閣諸島を東京都が買いとる意向を発表した。これに中国は怒り狂い、そこから日中関係は最悪の状態まで冷えこんだ。結局、野田佳彦首相が石原氏の挙動を封じこめ、尖閣諸島を国有化することで決着する。暴走する石原慎太郎氏の首に鈴をつけるどころか、民主党政権は石原氏の挙動に拍車をかけて日中関係を負のスパイラルに陥れてしまった。

外交交渉（話し合い）がうまくまとまらず、もの別れに終わってしまったとき、国家と国家は紛争や戦争を引き起こす。外交とは戦争を食い止めるための最後の防波堤だ。**外交を通じて友好的な貿易関係、経済関係を維持することこそベストな選択であるのは明白なのに、領土というプライドにこだわり続けるのは愚の骨頂だ。**

竹田恒泰氏や金美齢氏、百田尚樹《ひゃくたなおき》氏やケント・ギルバート氏のような右バネ論客は威勢のいい発言でナショナリズムを煽《あお》って国民を挑発したがる。そんな挑発に乗って紛争や戦争を起こし、命を失うなんてあまりにも割に合わない。**たかが領土だ。命をかけて守るほどのものではない。**

ナショナリズムが対立する時代はとっくに終わった

実利を考えるならば、たとえば竹島や尖閣諸島周辺の漁業資源は、韓国や中国と共同管理すればいい。無理して日本が独占しようとせず、**仲良く漁業権をシェアすればいいのだ。**尖閣諸島沖にあるといわれるガス田のような海底資源に至っては、採算が取れるかどうかすら怪しいものだ。シェールガス革命によって天然ガス価格は下落しつつあるし、サハリン経由の天然ガスパイプラインが通っても、採算に合うプラント建設は厳しい。

北方領土についても「我が国固有の領土」一点張りでがんばるのはやめたほうがいい。**日本では漁獲量の制限もあるから、ロシア人にカニをどしどし獲ってもらってそれを買**

ったほうがずっと合理的ではないだろうか。

領土問題とは、実は国内の政治問題だったりもする。保守派の支持層はナショナリズムに敏感だから、領土問題をめぐって「我が国固有の領土」的な発言をすれば、彼らの機嫌はよくなる。**最近になって安倍自民党がやたらと「北方領土問題を解決する」とアピールし始めたのは、自民党の選挙対策としか考えられない。**政権維持のために、北方領土をダシにして国際政治が迷走するのはアホらしすぎる。

時代遅れの人々は、相も変わらず領土のイス取りゲームに汲々《きゅうきゅう》としている。戦争も辞さない勢いでN（ナショナリズム）が対立する時代は、とっくに終わった。**これからはG（グローバリズム）とL（ローカリズム）の対立の時代なのだ。**

竹島だとか尖閣諸島だとか北方領土だとか、やたらとボーダー（国境）をありがたがる感覚がさっぱりわからない。宇宙にロケットを飛ばして格安の有人宇宙旅行を実現しようと夢見る僕からすると、領土問題で目くじらを立てているナショナリストのオッサンやオバサンは、ショボすぎて話にならないのだ。

堀江の結論

①

領土というプライドにこだわり続けるのは愚の骨頂だ

②

内政問題のガス抜きのために外交問題が取り沙汰されることがある

③

これからはグローバリズムとローカリズムが対立する時代だ

13

〝カネなし非モテおっさん〟の孤独はやっかいな問題になる

凶悪事件の「犯人」たちの「心の闇」

2018年6月9日、東海道新幹線の下り最終列車でとんでもない事件が起こった。無職の22歳の男が、ナタを振り回して乗客に襲いかかったのだ。2人の女性が大ケガを負い、男を止めようとした38歳の会社員がメッタ刺しで殺された。犠牲になった男性の体には、60カ所を超える刺し傷があったという。

複雑な家庭に生まれた犯人は、逮捕後に「ムシャクシャしてやった」「誰でもよかった」と供述したそうだ。

刑務所に放りこまれようが、死刑になろうがかまわない――。こういう「無敵の人」は怖い。報道によると、彼は「出所したら同じことをやる」と言っているそうだ。

事件を受けて、東海道新幹線では監視カメラを増設し、職員の見回り態勢を強化した。なかには「空港なみのセキュリティチェックを導入するべきだ」と主張する者もいるが、そんなことをすれば、世界屈指のすぐれたモビリティが崩壊してしまう。

新幹線以外でも、テロなんてやろうと思えばいつでもできる。たとえば渋谷のスクランブル交差点で五寸釘が満載された小型爆弾を破裂させたり、大型ドローンで硫酸《りゅうさん》をバラまけば、想定される被害ははかり知れない。テロを100%防ぐことはできない。もちろんAIをフル活用してイギリス式の監視社会を築く方法もあるだろうが、根本的には**「孤独な人を社会からなくす」という地道なアプローチを辛抱強く進めるしかない。**

「みんなと同じ生き方」を強いる日本で、社会からドロップアウトした「落ちこぼれ」が後ろ指をさされる機会は多いはずだ。引きこもりやコミュ障だったりする彼らは、ポッカリ空いた巨大な心の穴とともに、果てしない孤独に苦しんでいるのかもしれない。

キリスト教やイスラム教圏に関していえば、教会やモスクが地域コミュニティとして機能していて、孤独の受け皿になっている場合がある。はたして日本には、孤独な人々の「居場所」があるだろうか？　18年7月、オウム真理教をめぐる一連の事件で、元幹部13人の死刑が次々に執行された。麻原彰晃の言うことを信じ、ミッションと役割を与えられた彼らは、ほかの信者たちと共同生活を送るうちに、孤独から解放されたのではないだろうか。

オウム事件を見ていると、非モテ男の執念のようなものを感じずにはいられない。オウム真理教には、東大や京大、医学部を卒業したエリートが大勢集まった。高学歴で成績はいいのに、コミュ障と非モテのせいで恋人ができず、友達からも人気がない。そんな非モテ男たちが、オウム真理教というコミュニティではとてつもない「自己承認欲求」を得られたんじゃないかと思う。

「VR彼女」が非モテおっさんの孤独を救う

2011年6月から13年3月まで、僕は長野刑務所で受刑者として生活した。刑務所内には、経済事犯や知能犯もいれば、強姦《ごうかん》をやめられないレイプ魔やシャブ中、詐欺師など、どうしようもない「人間のクズ」が集結していた。そして**塀の中にいた僕は、「ひょっとすると刑務所は孤独の受け皿になっているのかもしれないな」と思った。**

刑務所にいれば、衣食住が保証されて食いっぱぐれることがない。自分なんてまだマシ、と思えるほどの「ダメ人間」に囲まれながら、集団生活を送ることができる。孤独にもだえ苦しみながらシャバで生きる人にとって、もしかすると**刑務所はシャバよりも生きやすい場所かもしれないのだ。**

元受刑者による再犯率は40パーセントを超えている。累犯《るいはん》をやめさせるためにはどうしたらいいのだろう。VR（仮想現実）を活用した「ドラゴンクエストVR」では、スライムをぶった斬ったときの感触をバーチャル体験できる。「ドラクエVR」ならぬ**「VR彼女」を開発すれば、カネなし非モテおっさんの孤独を癒やす一つの解決策になるかもしれない、と僕はけっこう真剣に考えている。**

AIを搭載したVR戦闘ゲームでモンスターを心ゆくまでぶった斬り、コミュ障の非モテ男をバカにせず相手してくれる「VR彼女」と夜な夜なトークする。これだけのことで、非モテおっさんのストレスと孤独を解消できるのならば安いものだ。

12年に68万人だった日本の外国人労働者は、17年に127万人まで倍増した。25年までに、政府は新たに50万人の外国人労働者を受け入れると明言している。言語や文化の壁を乗り越えてこれだけの外国人が日本にやってくれれば、社会と地域コミュニティから孤立し、孤独に苦しむ人も相当数出るはずだ。

彼ら外国人労働者への心のケアを怠れば、孤独に耐えかねた人が暴発してとんでもない事件を起こしかねない。国籍を問わず誰でも門をくぐれる「カネなし非モテおっさんの駆け込み寺」のような場所、セーフティネットを、今のうちから準備しておいたほうがいい。

堀江の結論

①

「みんなと同じ生き方」を強いて「落ちこぼれ」に冷たい日本社会

②

「VR彼女」が非モテおっさんの孤独を救う可能性アリ

③

万人に対してオープンな、駆け込み寺的な居場所＝セーフティネットが必要だ

第3章
信じる者はバカをみる

「価格競争」のウソ

14

和牛を叩き売りするような「安売り厨」は淘汰される

「集客力＝価格」と思っているバカ

Ａ５ランクの黒毛和牛ステーキ丼を、１杯１５００円で売る業者がいる。愚の骨頂だ。手間をかけ丹精こめて育てた和牛を安売りして「**採算度外視。みんなに食べて喜んでほしい」などとキレイごとを並べたところで、そいつらがやっていることはバナナの叩《たた》き売りと変わらない。**

バブル真っ盛りの時代、日本政府はアメリカの要求に屈して牛肉の関税率を下げ、１９９１年に輸入自由化に踏み切る。１００グラム80円を切るような超安値の牛肉が、アメリカやオーストラリアからドドドっと輸入されるようになったのだ。

日本の食肉業者は危機に陥った。広大な農場で大量生産されるオージービーフのような安売り肉に価格競争を挑んでも、勝ちめはない。そこで、**日本の牛肉は「量」と「値段」ではなく「質」で世界に勝負を挑んだ。**

たとえば、フランスのシャンパーニュ地方でつくられたものだけしか「シャンパン」（シャンパーニュ）とは名乗れない。シャンパーニュ地方以外の地域でつくられた商品は、どんなにクオリティが高くても「スパークリングワイン」として区別される。

日本の食肉業界も、これと同じアプローチを採用した。「黒毛和種」「褐毛《あかげ》和種」「無《む》角《かく》和種」「日本短角種」の4種類のみを「和牛」と称し、和牛の精液を輸出禁止にして市場を守ったのだ。

そのうえで、サシ（霜降り）の入り方や肉付きを判定し、下はC1から上はA5まで15段階のランクをつけている。A4やA5の和牛ともなると、超レアな贅沢《ぜいたく》品だ。大量生産されたアメリカやオーストラリアの肉とはうまさが圧倒的に違うから、**いまや「Wagyu」ブランドはシャンパンと同じように世界中に知れ渡っている。**

日本の和牛は、平場で安売り競争する必要なんてない。世界市場の評価をみれば、和牛の値段は右肩上がりなのに、正反対のアプローチをとってどうするのか。**畜産農家や卸売《おろしうり》業者にとって、安売り業者はブランドイメージを貶《おとし》める悪《あ》しき存在だ。**

無理な「安売り」は全方向で〝負のスパイラル〟に陥る

バブル崩壊後の「失われた10年」の時代、日本はデフレ不況のドツボにはまった。1個130円だったマクドナルドのハンバーガーは、2000年には65円まで値下げされる。価格のダンピング競争の末、その値段は1個59円まで落ちた。「うまい、やすい、はやい」の吉野家も、牛丼1杯を280円で安売りしていた時期がある。こういう売り方では、長期的な発展を期待しようにも限界があるだろう。安い食べ物には安い理由があり、ウマい食べ物にもウマいなりの理由があるのだ。

外食産業では今後ますます、値段の「二極化」が進むだろう。**手間をかけ、徹底的にブランディングされた贅沢品の値段は、ますます高くなる。他方で、大量生産品やファストフードの値段は限りなく無料に近づくわけだ。**

こうした時代の変化に気づかず、安売り競争に巻きこまれるような業者は、気の毒だけれど滅びるほかなかろう。鼻先にぶら下げられた「ニンジン」に血眼《ちまなこ》になる食肉業者は、安いレストランから上質の肉を安く買い叩かれてしまう。良い品を高く売ろうと努力する業者とタッグを組めば、食肉業者も外食産業もともに発展できるのに……。

自分の店の料理に自信があるのなら、上質な料理に見合う値段をつけてよりグレードの高い客を相手に勝負すればいい、と僕は考える。

生活に余裕がない層に向け、無理して安く高級食材を提供しようとすれば、どこかに必ずしわ寄せがいく。ブラック労働がまかり通るようになるし、食材の生産者の実入りが減って、品質が落ちる。全方向で「負のスパイラル」に陥るわけだ。

16年、僕は「和牛王」浜田寿人《ひさと》氏とともに「WAGYUMAFIA」を結成した。東京・中目黒でオープンした「WAGYUMAFIA」カツサンド専門店では、いちばん安い「和牛ザブトンサンド」が5000円、いちばん高い神戸ビーフ熟成のカツサンドは3万5000円だ。**もうすぐ神戸ビーフチャンピオンの5万円のカツサンドをメニューに加えようとしている。**

こういう価格設定であれば、セール品目当ての客が行列をつくることはまずないから、従業員がムダに疲弊することがない。**良い商品をその質に見合う値段で提供することによって、ボチボチの客入りでWIN-WINどころかトリプルWINが実現する。**つまり、生産者である畜産農家、客、店のスタッフの全員が幸せになるわけだ。

くどいようだが、薄利多売のビジネスしかできない業者は、そもそも自分の商品に自信も誇りももっておらず、高い値段で売る勇気もないチキンである。①質の低い客、②ブラック労働、③生産者&製造者からの搾取――この3つで自転車操業しているビジネスに価値はなく、いずれ市場から淘汰される。**商品がレアになればなるほど、その値段は幾何級数的に上がっていくものなのだ。**

堀江の結論

1
外食産業では
価格の「二極化」がますます進む

2
薄利多売のビジネスしか
できない業者は淘汰される

3
「レア品」の価値は
幾何級数的に上がっていく

「とりあえず資格とろう」のウソ

15

資格なんて単なる利権。実力は資格で測れるものではない

「調理師免許がなければ料理人として働けない」というデマ

コックになることを夢見て、とりあえず田舎から東京へ出てきて調理師専門学校に入る若者がいる。**「資格がなければプロになれない」と信じて疑わないその思考回路はあまりにもピュアだ。**

専門学校の学費は2年間で300万円を優に超えるし、実家を出て一人暮らしすれば生活費も別にかかる。都会に出てきたばかりの地方出身者は、「遊び」を覚えると学校になんてまじめに通わなくなったりもする。せっかくバカ高いカネを払って入学したというのに、何割もの学生がドロップアウトする。だから**専門学校ビジネスは歩留まりが良く、メチャクチャ儲《もう》かる。**

「調理師免許がなければ料理人として働けない」というデマをみんなが信じてくれれば、専門学校の経営者や教員は永遠に食いっぱぐれないで済む。でも実際には、**ビストロでもラーメン屋でもカレー屋でも、店を開くのに免許なんていらない。**誰でも始められるのだ。専門学校を卒業するための軍資金500万円があれば、居抜き物件を借りて今すぐ自分の店をオープンできる。生徒たちは専門学校ビジネスと資格ビジネスの罠《わな》にハメられているのだ。

資格試験なんてものは、要するに金儲けをしたい連中の利権を守るための仕組みだと理解したほうがいい。調理師試験を受験するには6000円以上かかる。試験を運営している連中は、何も知らない若者たちからカネをぼったくっているのだ。

読者のみんなは高校や大学時代、文化祭で焼きそばやカレーを売った経験がないだろうか。お祭りで屋台を出すために、いちいち調理師試験を受験する奴《やつ》なんていない。プロ顔負けのおいしい家庭料理をつくる「素人」はゴマンといる。

国家資格をもたずに「調理師」と名乗ったら詐欺だが、「シェフ」「料理人」と名乗って料理を提供することにはなんら問題はない。**店に食品衛生責任者講習を受けた者が一人でもいれば、調理師免許をもつ人間なんていなくても店の営業はできるのだ。**

もし、「資格がなければ飲食店を経営できない」なんてルールをつくってガチガチに締めつければ、街のレストランや中華料理屋はたちまち消滅してしまう。そうなれば日本の外食産業は崩壊する。

「実力は資格で測れるものではない」という事実を、とくに若い世代にはよく理解してもらいたい。たとえば、プロのミュージシャンの名前を思いつくままに挙げてみてほしい。ギターの専門学校出身の成功者なんてほとんどいないことがわかるだろう。300万円の学費を払う余裕があったら、ギブソンのギターでも買って独学で今すぐ練習を始めたほうがいい。

幻冬舎で『多動力』『お金2・0』『日本再興戦略』『メモの魔力』などの**ベストセラーを連発している箕輪《みのわ》厚介君だって、編集者になるための専門学校なんて出ていないし、特別な資格なんて何ももっていない。**箕輪君だって初めはズブの素人だった。試行錯誤しながら本をつくっているうちに、自力でベストセラー量産編集者へと成長したのだ。

教員免許なんて要らない

漢検、英検、行政書士、秘書検定など、ほかにも潰したほうがいい資格利権はいくらでもある。野菜ソムリエ、唎酒師《ききざけし》、日本茶インストラクターとかいう**ワケのわからない資格も量産された。**ライセンス制度をつくりたがる連中は、とにかく何かと名目をつけて受講者、受験者からカネを巻き上げたいのだ。

保育士や介護士不足の問題を解決するための一つの方策として、資格を廃止してしま

えばいい、と僕は考えている。ただでさえ給料が安くて仕事の担い手がいないのに、参入のハードルをムダに上げてどうするのか。

ハッキリ言って、教員免許も要らないと思う。生徒が居眠りをしたり成績がちっとも上がらないのは、アマチュア教員がクソつまらない授業をやっているせいだ。教員免許なんてもっていない塾講師や予備校講師のほうが、よほど面白く、ためになる授業をやっている。

星野源主演のドラマ『逃げるは恥だが役に立つ』（通称・逃げ恥）で注目された「データベーススペシャリスト」など、クソの役にも立たないトンデモ資格はいくらでもある。理容師はヒゲ剃《そ》りをしてもOKだが、美容師はヒゲ剃りNGだとかいう、謎ルールも目に余る。

ドローンがブームになると、ドローン操縦士の資格試験を考える奴が速攻で出現した。**ムダな資格ビジネスは、モグラ叩《たた》きのように片っ端からぶっ潰して規制緩和しなければ、イノベーションの邪魔になるのだ。**

堀江の結論

①
資格試験は金儲けをしたい連中の利権を守るための仕組み

②
敏腕編集者・箕輪君だって、特別な資格なんて何ももっていない

③
ムダな資格は片っ端からぶっ潰さないとイノベーションの邪魔になる

「肉＝体に悪い」のウソ

16

ウマい肉をたらふく食べる生き方こそ最高

自分の「趣味」や「主張」を他人に押しつけるな

肉や魚を食べないベジタリアンどころか、卵やチーズ、乳製品、ゼラチンすらいっさい口にしないヴィーガニズムを信奉している人がいる。スティーブ・ジョブズが最も有名なヴィーガン（完全菜食主義者）だろう。

どんな食生活を送ろうが個人の自由だし、極端に偏った栄養補給で命を縮めたとしても、自己責任。ベジタリアンやヴィーガンなんてしょせん趣味のようなものだし、やりたければ勝手にやればいいと思う。問題は、連中が自分の意見を無理やり他人に押しつけること。**彼らの言動は時に宗教じみており、「肉食」に対する攻撃には目に余るものがある。**

会員制レストラン「THE WAGYUMAFIA」や、おいしいお店をスマホで探せるグルメキュレーションサービス「テリヤキ」をプロデュースしていることもあり、僕は一年365日、日本中、世界中で食べ歩きをしている。時には一日10軒ものお店を弾丸ツアーのようにハシゴすることもある。

そんな活動をSNSで紹介すると、必ず**「健康のために野菜も食べてください」**など

と謎のマウンティングをしかけてくる「野菜厨《ちゅう》」がワラワラと湧いてくる。「野菜＝体に良い」「肉＝体に悪い」という根拠薄弱なステレオタイプに縛られたバカに、僕の自由を侵害される筋合いはない。先入観や憶測だけでモノを言い、他人の私生活に介入するのはやめてほしい。

そもそも、僕が肉の写真をアップするのは、おいしい和牛を世に広めたいと思っているから。「肉食べすぎ」などと指摘してくる輩《やから》は知らないだろうが、**僕は野菜が大好きで毎日ボリボリ食べている。**野菜のなかには糖分と炭水化物が多いものもあるため、炭水化物抜きダイエットをやっているときには極力食べない。食べるとしたら葉物だけだ。鶏肉のササミはタンパク質の塊だから、ダイエット中には減量中のボクサーなみにたくさん食べたりもする。

「肉じゃが＋ご飯」なんて、おかずと主食で炭水化物がぶつかるからロクなことがない。一口に「野菜」と言っても、栄養バランスはまだら模様だ。野菜さえ食べていれば健康でいられると盲信する「野菜厨」は、ひょっとするとそんな基本知識すらないのかもしれない。

18歳まで、僕は福岡県八女《やめ》市で暮らしていたのだが、**実は肉をほとんど食べたことが**

なかった。肉のおいしさを知らなかったし、おじいちゃんが農家だったので、新鮮でおいしい野菜をたっぷりと食べて育った。バーベキューなんかやると、まわりから「もっと肉を食べないと大きくなれないよ！」と叱られていたくらいだ。

上京して肉のうまさを知ったときはショックを受けた。今では自分で和牛をさばいて供するだけでなく、鹿の内臓を処理してジビエのソーセージまでつくっていたりもする。そんじょそこらの肉好きよりは、おいしい肉をたくさん食べているほうだと思う。だが**それと同じくらいウマい魚を食べているし、新鮮な野菜や果物も山ほど食べている。**

なんでこんなことまで嚙《か》んで含めるように説明しなきゃいけないのかバカらしいが、要するに僕の食生活は全方位外交だし、栄養バランスはまったく偏っていない。

ヴィーガン原理主義者が肉屋を襲撃！

２０１８年、ヴィーガン原理主義者がフランスで肉屋を襲撃する事件が続いた。**捕《ほ》鯨《げい》反対運動をやっているグリーンピースのように、自分の主義主張を通すためなら暴力を否定しないクレイジーガイがいる。**放っておくと、日本でもヴィーガン原理主義者が肉屋に火をつけたり焼肉屋を襲うなんて事件が起きかねない。**まだ勢力が小さいうちに、ヴィーガン暴走の芽を摘んでおくべきだ。**

17年に105歳で大往生した医師の日野原重明氏（元・聖路加国際病院名誉院長）は、100歳を超えても週2~3回はステーキを食べていたそうだ。ウマい肉をたらふく食べる生き方こそ最高ではないか。

他人とすべての意見が一致するなんてことはありえない。**僕の友人のなかにも、ベジタリアンやヴィーガンはいる。**彼らが他人の食生活に口出しして自分の意見を押しつけてくれれば、僕はその場でブチギレて縁を切るだろう。

たとえ価値観が違っても、お互いの意見を尊重し合える心のゆとりと相手への敬意があれば、ベジタリアンともヴィーガンとも仲良くつきあえる。そのかわり僕のほうも、彼らに「肉を食え」と強要するハラスメントはしない。

どんなに自分が熱中している趣味であっても、興味がない人にとってはまったく関心がないものだ。**ベジタリアンやヴィーガンは、趣味を共有できる同好の士とサークルをつくり、サークルの中だけでキテレツな趣味を楽しんでくれればいい。**インナーサークルの中でしか通じない偏狭な食文化を、世間に一般化しようとするのはやめてほしい。

堀江の結論

①

ヴィーガンのなかには自分の主義主張を通すために暴力を否定しない輩がいる

②

心のゆとりと相手への敬意があれば、ベジタリアンやヴィーガンとも仲良くつきあえる

③

偏狭な価値観を世間に一般化しようとするな

「民主主義こそ最高」のウソ

17

組織も国家も民主主義より「ワンマン独裁制」のほうが改革は進む

瀕死の日産自動車を救ったカルロス・ゴーンの強権発動

「ワーク・ライフ・バランス」「働き方改革」「長時間労働の是正」が叫ばれる昨今だ。日本人といえば「ギューギュー詰めの満員電車に揺られて通勤し、朝から晩まで長時間労働する働きバチ」というイメージがつきものである。

だが**「2：8（ニッパチ）の法則」（パレートの法則）が示すとおり、組織内でまともに仕事をする人間はせいぜい2割だ。**昼間にコメダ珈琲店やスターバックスに出かけてみてほしい。喫茶店はサボリーマンだらけではないか。

昼間は外回りや営業をやっているフリをして、ダラダラと喫茶店で時間を潰《つぶ》す。カネがないから夜も会社にダラダラ居座って残業代をもらい、コンビニのイートインで安酒を飲んで家に帰る。そんなサボリーマンが日本には相当数いる。

前澤友作《まえざわゆうさく》社長のZOZOが、6時間勤務を導入するとか週休3日制にすると言っている。そのような勤務形態にしても、おそらく営業利益がガクンと落ちることはない。極端なことを言えば、**社員の9割をリストラしても会社は回ってしまったりする。**

なにしろ組織内の8割の人間はまともに働いておらず、利益を生み出すどころか会社のリソースをただ食い潰しているのだ。あるいは必要のない仕事をつくり、仕事するフリをしている。

第一次ベビーブーム（1947〜49年）の3年間だけで、800万人を超える団塊《だんかい》の世代が生まれた。彼らが大人になった1971〜74年には第二次ベビーブームが起こり、毎年200万人以上の子どもが生まれている。

おかげで、日本では「人口ボーナス」が起きた。若い働き手が次々と出現し、日本の高度成長を牽引《けんいん》する機関車になってくれたのだ。**「人口ボーナス」が終わって「人口オーナス」（onus＝重荷や負担）の時代に突入すると、経済成長は当然ストップする。こうなると、旧来型の会社組織にはムダなサボリーマンを抱えている余裕なんてなくなる。**

組織を再生させ、活気を取り戻すためにはどうすればいいのか。みんなの意見を平等に聞く民主的なリーダーではなく、ワンマンの独裁者が人事権と決定権をもつ組織こそが力を発揮する、と僕は考える。

日産自動車が経営危機に陥ったとき、カルロス・ゴーン氏が落下傘のように外国からやってきた。「コストカッター」と呼ばれるとおり、彼は2万人以上もの従業員をクビにする。日本型の経営にはなじまないきわめて独裁的なかたちで、ゴーン氏は手腕を振るった。そのおかげで、瀕死《ひんし》の日産がナショナル・ブランドとして再生したのだ。

決断力があるリーダーがビシバシ物事を決めていけば、組織の人間はリーダーに従いついていく。独裁的なやり方についていけない人間は、自分から去っていくだけのことだ。たとえ失敗したとしても、リスクを取って決断する。民主的な合議をのんびりやっていたら、ハイリスク・ハイリターンの決断をスピーディにはできない。

独裁的なやり方がフィットする時代

会社組織に限らず、地方自治や国家の運営においても、ひょっとすると今の時代には独裁的なやり方がフィットしているのかもしれない。たとえば、2010年に**30代の若さで福岡市長に就任した高島宗一郎《そういちろう》氏は「スタートアップ都市宣言」を打ち出した。**福岡にスタートアップをどんどん誘致し、民泊の解禁など規制緩和をバンバン進めていった。そのおかげで、もともとポテンシャルが高かった福岡市は見事に発展している。

朴槿恵《パククネ》大統領の失脚後、**改革派の文在寅《ムンジェイン》大統領の登場によって、韓国の政治は目覚ましく変わった。**政府内の腐敗については徹底的に膿《うみ》を出し、#MeToo運動の声が上がれば国を挙げてセクハラ撲滅に乗り出す。強大な権力をもつ大統領が鶴の一声を発すれば、国家の体制は見違えるほどに生まれ変わる。

中国の習近平《しゅうきんぺい》国家主席しかり、ロシアのプーチン大統領しかり、シンガポールのリー・クアンユー元首相にしても、善きにつけ悪《あ》しきにつけ強大な権力を振るった。**民主的な集団指導体制は、だいたいうまくいかない。**複数人の指導体制にこだわると、一人のリーダーに権力が集中しないからブレブレになるし、会社経営にしても政治にしても「衆愚政治」に陥る危険がある。独裁というと聞こえは悪いかもしれないが、**独断でしか解決しない問題は山ほどあるのだし、権力者が正しいやり方で権力を行使すれば、組織は生まれ変わる**（もちろん、独裁者の暴走を抑止するブレーキは必要だ）。

多国籍企業のグローバル化が急速に進み、もはやGAFA（Google, Amazon, Facebook, Apple）は一国の力を軽く凌駕《りょうが》するほど権勢を拡大している。これからは国家vs.国家ではなく、国家vs.多国籍企業の闘いが本格化していくだろう。

GAFAに代表される多国籍企業は、カリスマ的な指導力と発想力をもつリーダーの専制君主的支配によって成長、拡大してきた。独裁的な専制君主的支配は、ダメダメな民主主義のリーダーに統治を任せるよりよほどマシだといえるのかもしれない。

堀江の結論

①

組織内でまともに仕事をしているのは
せいぜい2割

②

民主的合議制ではハイリスク・ハイリターンの
決断をスピーディにできない

③

世界のトップ企業はカリスマ的リーダーの
「独裁」によってデカくなった

「学歴は大事」のウソ

18

大学はオワコン化する。学費を払うくらいならそのカネで起業しろ

さっさと東大中退し、起業して本当によかった

高校3年生の夏、河合塾や駿台《すんだい》予備校の東大模試を受けたら、E判定やF判定が出た。普通の受験生なら「東大なんて絶対受からない」と志望校を変更するかもしれない。しかし、僕は「東大なんて楽勝だ。半年あれば充分合格できる」と確信していた。**大学の受験勉強なんて、ほとんどが「丸暗記した記憶を正確に再現する」という単純作業にすぎないからだ。**

事実、僕は半年の準備期間だけで東大に現役合格した。しかし、いざ大学に入ってみると、東大のコストパフォーマンスの悪さに愕然《がくぜん》とした。大学の授業をみんなで揃《そろ》って受けている暇があったら、さっさと起業して仕事を始めたほうがいいと気づいたのだ。

授業にはほとんど出ず麻雀《マージャン》に明け暮れ、オン・ザ・エッヂ（ライブドアの前身）を仲間と立ち上げて東大は中退した。Ｗｉｎｄｏｗｓ95のリリース直後だった当時、オン・ザ・エッヂはブルー・オーシャンでやりたい放題に仕事ができた。**東大に居残って二の足を踏んでいたら、ほかの起業家に業界を荒らされてレッド・オーシャンになっていたところだった。**

有料メールマガジン（「堀江貴文のブログでは言えない話」）のQ＆Aコーナーに寄せられる質問をみていると、四年制大学の卒業証書信仰にとらわれる若者の多さに呆《あき》れてしまう。四大を出て学士号をもらったところで、中途半端な知識を一瞬身につけただけでじきに忘れてしまう。**「モラトリアム」に4年間も身を置いて貴重な時間をムダにするのではなく、今すぐ自分のやりたいことを始めたほうがいい。**

グーグルやアップルをはじめ、シリコンバレーのＩＴ企業で働くためには、大学卒業資格は必須ではない。アントレプレナーシップ（起業スピリッツ）がある有能な人材であれば、高卒だろうが中卒だろうが、ハーバード大やスタンフォード大の卒業生と肩を並べていくらでも仕事ができる。

イギリスの教育情報誌『The Times Higher Education』による「世界大学ランキング」（２０１８年発表）を見ると、東アジアのトップは中国の清華大学（22位）、続いてシンガポール国立大学（23位）、北京大学（31位）、香港大学（36位）だ。**東大は42位、京都大学は65位、その他の旧帝国大学や早稲田、慶應ははるか遠く出遅れている。**

「ガラパゴス」日本での偏差値ブランドなんて、国際社会からみればなんの意味もない。

そんな日本の大学に入るため、高校生活を犠牲にしたり浪人までするのは不毛としか言いようがない。いわんや**大学無償化なんて無意味だ。日本の大学は早晩オワコン化する。**

また、そんな大学を卒業するため、奨学金という名の学生ローンを組んでまでバカ高い学費を払うのはムダだ。卒業と同時に、学生ローンの返済義務が100万円単位でのしかかるという事実をもっと真剣に受け止めたほうがいい。

国立大学の入学金と授業料は、4年間の合算で約240万円かかる。私立はそれ以上だ。実家を離れて一人暮らしをすれば、家賃や生活費もかかる。国立大学卒業までには最低500万円、私立だと700万〜800万円の出費を覚悟しなければならない。これだけのカネがあれば、起業家として面白い仕事に挑戦できる。**大学に行くくらいなら、起業家として仕事を始めたほうがよほど有益じゃないか。**

画一化教育からドロップアウトするほうが「正常」

不登校や引きこもりの子どもたちがいるが、学校なんて行かなくたってなんら問題ない。ネットを使えば勉強なんてどこでもできる。**親や教師は子どもを世間の「鋳型《いがた》」にハメるのを真っ先にやめるべきだ。**

小学生時代から重たいランドセルを背負わせ、中高生にもなればお揃いの学生服を着せる。そんな**軍隊式の画一化教育からドロップアウトする子どもが一定数いても、なんの不思議もない。むしろ、不登校や引きこもりの彼らこそ正常だといえるかもしれない。**

そういう生き方は肯定されるべきだと思う。

ここで宣伝をするつもりはないけれど、大学に行くかわりにHIU（堀江貴文イノベーション大学校）に入れば、今すぐ役立つビジネススキルを身につけられる。HIUは不登校や引きこもりの子どものための、（家庭でも学校でもない）サードプレイス的な場所にもなりうる。

大学教育の大部分はオワコン化しているが、一部の大学には「産学連携」、つまり民間企業と連携してイノベーションに挑戦する起業家もいたりする。大学で、イノベーティブな研究者と新しいことに取り組むのもいいだろう。**受験はテクニック、と割り切って大学に入学し、落合陽一氏のような面白い先生のゼミにピンポイントで入ってみるのも一つの手だ。**

ともかく「大学卒業が社会人としての最低条件」という偏見は、今すぐ捨てるべきだ。

堀江の結論

①
大学なんか卒業していなくても
グーグルやアップルで働ける

②
日本の「偏差値ブランド」は
国際社会ではなんの意味もない

③
ネットを使えば
勉強なんてどこでもできる

「日本人のリテラシー」のウソ

19

SNSの流行で新時代の「一億総白痴化」が進んでいる

日本語を正確に読み取れない人間が増えている

ツイッターは「バカッター」とも呼ばれ、ワイドショーや情報番組でコメンテーターがトンデモ発言を放出するテレビは「バカ製造機」と呼ばれてきた。日本は小中学生の9年間を義務教育とし、多くの人々が高校まで進学するわけだが、実は文盲率が高い国なんじゃないかといささか不安になる。**テレビやSNSのせいで、日本語を正確に読み取れない人間が増えているとしか思えないのだ。**

僕の発言は、しょっちゅう炎上する。僕のツイッターはフォロワーが300万人以上いるため、**賛否両論が怒濤《どとう》の勢いで寄せられる。**取材のインタビュアーから「狙ってやってるんですか？」と真顔で訊《たず》ねられるほどだ。

「クソリプ」や非難の多くは、僕の発言の真意を正確に読み取れない人々によるものだ。彼らは字面《じづら》をさっと一瞥《いちべつ》するだけで、前後の文脈や発言に至った経緯まで読み取ろうとしない。発言のごく一部だけを切り取り、フレームアップして悪意に満ちた解釈をする。

彼らのヒステリックな反応は、ほとんどが的外れだ。僕を怒らせようと、**わざとやっているのならまだ救いがあるのだが、どうやら、本気で文意が読み取れていないらしい。**

たとえば、逮捕されたカルロス・ゴーン氏は、ネット上でもテレビ報道でも「極悪非道の犯罪者」扱いされていた。作業服姿で変装した彼が東京拘置所から保釈されると、その様子をほとんどのテレビ局が面白おかしくニュースに取り上げた。

僕が『サンデー・ジャポン』に出演したときに、たまたまこのことが話題になり、アイドルの女の子が「ふざけているのかと思いました」などとコメントした。逮捕され、何百人という報道陣に囲まれて暴力的な報道をされたことがないから、平気でこんなことが言えるのだ。僕は彼女に**「捕まってみてそんなこと言えるのか」と、その場でブチギレてしまった。**あまりに想像力を欠いた発言だと思う。

もっと言えば、カルロス・ゴーン氏が逮捕された段階で「犯罪者」と決めつけること自体が完全な誤りだ。**司法には「推定無罪」という大原則があることを完全スルーして、その真逆の「推定有罪」に立ってしまっているのだ。**

そういうバカには、自分が大前提から間違っていることに気づいてもらわなければならない。スタート地点を間違えていたら、レースのゴールにたどり着けるはずもなく、そいつは延々と暴走を続けることになってしまう。

「バカよ、いったん立ち止まれ」

日本語が不自由な彼らを再教育するべく、僕はツイッターでクソリプ返しをしている。「お前の理解は間違っている」「感情論で物事をとらえず、もういちど冷静に考えてみよう」「バカよ、いったん立ち止まれ」と訴え続けるのだ。

言葉を曲解してしまう「アンチ」の人々にクソリプ返しをすると、いいこともある。**バカを再教育する行為は、僕の認知度を上げる養分にもなるのだ。**

まともなインテリは、レベルの低いワイドショーやゴシップ雑誌なんてみない。彼らはCNNやBBCの報道、また独立系メディアをチェックし、自分から情報を取りにいく。『ニューヨーク・タイムズ』や『ウォール・ストリート・ジャーナル』を読むことに時間を費《つい》やす。

しかし、**日本のテレビ番組を漫然とみているような視聴者は、メディア・リテラシー(情報を読み解く力)が乏しい情報弱者が多い。**たまにテレビに出て前述したようにブチギレてみると、「ホリエモンが生放送中に暴言を吐いた」といった類《たぐ》いのニュースがウエブサイトやSNSに流れて炎上する。これにクソリプ返しを組み合わせれば一石二鳥で僕の発言が拡散するというわけだ。

ものの5秒でつぶやき、たった数分間かけてクソリプ返しするだけで、めちゃくちゃバズる。テレビ番組に出演すれば、収録のために長時間拘束されるが、ＳＮＳであれば、拘束時間ゼロでめちゃくちゃ露出できる。とても「コスパ」がいいのだ。

クソリプ返しの千本ノックは、一種、「大喜利《おおぎり》」のようでもあり、頭の体操にもなる。有料メールマガジンのＱ＆Ａコーナーでもそうなのだが、質問への答えをバンバン返していくのにはコツが要る。慣れてくると、瞬間的に「アンサー」が見えるようになる。こうした知的大喜利をきっかけに、新しい本のネタを思いつくこともある。

不思議なことに、**クソリプ野郎のなかには、僕の存在が気になってつい新刊を買ってしまう人もいるようだ。**僕の発言に難癖をつけ、執拗にからんでくるストーカーやパラノイア（偏執病）気質の輩《やから》が、僕の本にカネを払ってくれる。つまりＳＮＳを介したクソリプ返しは執筆と営業を兼ねている、というワケなのだ。

かつてジャーナリストの大宅《おおや》壮一は、低俗なテレビ番組を揶揄《やゆ》する「一億総白痴化」という流行語を生み出した。**限られた文字数で意思疎通するＳＮＳによって、文脈をまったく読もうとしない新時代の「一億総白痴化」が進んでいるのかもしれない。**

堀江の結論

①

日本語を正しく読解できない輩が炎上騒ぎを起こしている

②

まともなインテリは自分から情報を取りにいく

③

〝クソリプ返し〟は僕にとっての「知的大喜利」だ

「外食は不健康」のウソ

20

「健康厨」「栄養厨」が言うことは科学的根拠に乏しいただの思いこみだ

一人暮らしの自炊はコスパも悪いし、体にもよくない

僕を「ホームレス」だと揶揄《やゆ》するネット民がいるが、特定の家に住んでいないという意味においては、間違ってはいない。僕は自宅をもたず、ホテルや友人宅に泊まりながら全国、全世界を渡り歩いている。だから**自炊はせずほぼ100%外食**だ。会員制レストラン「THE WAGYUMAFIA」を立ち上げてからは、イベントや友人のパーティで和牛をさばき、手料理を振る舞ったりもするが、そうしたとき以外は自炊せず、食事はすべて外で済ませるかUber Eats《ウーバーイーツ》（デリバリー）を使う。

そういう生活をSNSで紹介すると「健康厨《ちゅう》」「栄養厨」がボーフラのように湧いてくる。**「野菜も食べろ」だとか「肉の食べすぎ」だとか、まったく余計なお世話だ。**

僕は毎日、深夜まで起きているので、朝起きるのが遅い。午前中はぐっすり眠り、朝ごはんと昼ごはんはブランチとして一緒にとることが多い。夜は8時ごろ食事に出かけ、そのまま飲み歩く。小腹が空《す》けば合間にちょこちょことつまむ感じだから、一日2食から2・5食といったところだ。すると「朝ごはんはきちんと食べたほうがいい」とか「3食の栄養バランスを考えないと健康を害する」と説教してくる人がいる。これまた

余計なお世話である。

自炊信者や「健康厨」「栄養厨」の言うことは、科学的根拠に乏しい。読者のみんなにも心当たりがあると思う。たとえば、小学校で先生から指導された「給食の三角食べ」。**おかずやご飯、味噌汁《みそしる》をバランスよく食べましょう、というアレにいったいなんの意味があったのか、僕はいまだにわからない。**別項でぶった斬ったヴィーガンは一種のファッションのようなものだと思っているし、グルテンを含む小麦（パンや麺）をいっさい口にしないグルテンフリー信者もタチが悪い。

都会で一人暮らしをしながら栄養バランスのとれたメニューをつくろうとすると、たくさんの食材が必要なので逆に食費がかさむ。またどうしても一度につくる量が多くなってしまうから、必要以上に食べすぎてしまう。**無理して自炊にこだわるほうが心身に悪いし、なによりも時間がもったいない。**

「コンビニメシ」と「化学調味料」への偏見

自炊信者の人たちは、外食と聞くとファストフードやファミレス、コンビニメシをイメージするのだろう。たしかに、毎日カップラーメンやハンバーガー、背脂たっぷりのとんこつラーメンばかり食べていたら不健康になっても仕方がないが、僕の食生活は対照的だといえる。

また**最近のコンビニメシ（とくにセブンイレブン）はあなどれない。**セブンプレミアムの惣菜《そうざい》シリーズやサラダは小分けになっていて便利だし、冷凍食品もかなりレベルが上がった。一人暮らしの人は、コンビニメシを買ってきてレンジでチンすれば充分ではないかとすら思う。

「化学調味料は体に悪い」という触れこみにも要注意だ。たとえばＭＳＧ（グルタミン酸ナトリウム）。**昆布の旨味と成分は一緒なのだから、健康に悪影響を及ぼすわけがないのだが、かたくなに忌《い》み嫌う人たちがいる。**同じプロセスで生成されているグルタミン酸なのに、何が違うというのだろうか。

そのくせ、化学調味料を悪者扱いする人に限って、ワケのわからないサプリメントや漢方薬にハマっていたりする。**ほとんど「自然信仰」の領域だ。**

僕がピロリ菌検査を広める活動をしていると、「自分はヨーグルトを食べているから大丈夫」と宣言する人がいた。「ピロリ菌を攻撃する乳酸菌が含まれている」と宣伝しているヨーグルトがあり、それを食べているのだから、胃の中のピロリ菌をやっつけられる、とその人は信じていたのだ（無論、そんなわけない）。

僕が「食」をめぐってツイッターなどで持論をぶつと、「『グルテンフリーは体に良い』という主張が間違っている証拠を示せ」などと迫ってくる者も出てくる。

ヴィーガンやグルテンフリー信者のなかには、プラシーボ効果（錯覚）によって「自分はこれで健康になれた！」と思いこんでいる人だって多いだろう。それはそれでおめでたいことなのだが、「健康厨」「栄養厨」の主張に、100％完璧な反論はできないということだ。「魔法は使えない」「透明人間はいない」と証明するのが不可能に等しいのと同様に、**「悪魔の証明」に答えは出ないからだ。**

僕は好きなものを好きなように食べて生きていきたい。食生活を人から強制されるなんて願い下げだ。ヴィーガンやグルテンフリーが体にいいと思っている人は趣味として楽しめばいいし、自炊が好きな人は自炊にこだわりぬけばいい。**人間には「愚行権」（幸福追求権の裏返し）が保証されているのだから、偏った趣味は人それぞれ自由に楽しめばいいと思っている。**

堀江の結論

①
健康バカの主張は、科学的根拠に欠けている

②
健康バカの主張に
100%完璧な反論は不可能だ

③
偏った趣味は人それぞれ自由に楽しめばいい
(だけど、人に押しつけるな)

第4章

「同調圧力」なんてクソくらえ！

「義務教育」のウソ

21

子どもの才能を育てるのは学校教育ではなくパソコンやスマホ

ネットにハマりまくって何が悪い

２００９年、文部科学省は「小中学校への携帯電話持ちこみは原則禁止」「高校は校内での使用を禁止」という通知を全国に出した。しかし19年2月、柴山昌彦文部科学大臣は学校へのスマートフォン持ちこみを解禁する方針を発表した。**ようやく共産主義国家なみのバカげた規制が改められる。**

子どもたちにスマホを使わせたくない大人の言い分は共通している。「勉強の邪魔になる」「本を読まなくなる」「ゲームのやりすぎでネトゲ廃人になる」「ＳＮＳがいじめの温床になる」といったところだ。

脳科学的になんの根拠もない「ゲーム脳」という言い方もあれば、「ネット中毒」「スマホ中毒」と精神疾患扱いしたがる者もいる。精神病理学者は、機会さえあれば病名をつけて新たな医療利権を生み出したいのだろう。「ゲーム脳」「ネット中毒」「スマホ中毒」を〝治す〟ための教育・医療プログラムを組むことができたら、彼らにとっては仕事が増えて御《おん》の字だ。

一つのことにのめりこみ、**何時間もスマホやゲームに熱中することは、害悪でもなん**

でもない。「いつまでも飽きない」「いつまでも何かに没頭できる」というのは、誰にでも真似《まね》できるものではない誇るべき資質だ。

「ゲームばかりしていないで勉強しなさい！」というバカ親の言葉が、とんでもない才能を潰《つぶ》すことになるかもしれない。いまや**抜きん出たゲームの才能があれば、億の収入を得ることも、オリンピックに出ることも夢物語ではないのだ。**

18年9月、インドネシアで開催された、アジア最大のスポーツの祭典「第18回アジア競技大会」で、ある種目が初めてエキシビション（公開競技）として採用され、日本人チームが金メダルを獲得したことをご存知だろうか。その競技とは「eスポーツ」と呼ばれる、コンピュータゲームで対戦し勝敗を争うもの。この大会で大学生と高校生のペアは「ウイニングイレブン２０１８」部門で優勝したのである。

22年、中国・杭州で行われる**第19回大会からは、eスポーツが競技として正式採用されることが決まっており、24年のパリ五輪でも正式種目化が検討されている。**

このeスポーツ、日本では普及が遅れているがアメリカ、韓国、中国、台湾などでは高額賞金を出す大会も多い。17年8月、アメリカ・ワシントン州シアトルで開催された「Dota 2」というゲームの公式世界大会の賞金総額は約27億円。観戦したオーディエンスも約3億数千万人にのぼるといわれ、興行としても無限の可能性を秘めており、大手企業の注目を集めている。

「好き」を極めれば、生きていける時代なのである。

10歳のプロ囲碁棋士はAIに鍛えられた

仲邑菫《なかむらすみれ》さんは、史上最年少の10歳で囲碁のプロ棋士に認定された。彼女の家にはテレビがなく、プロ棋士である父親とアマチュア棋士である母親とともに、AIの囲碁ソフトで研究に没頭してきたそうだ。AI時代のスーパー囲碁棋士として、彼女もこれから大活躍していくだろう。

「ゲーム脳」とか「ネット中毒」、「スマホ中毒」などと言ってさんざんスマホを敵視してきたワイドショーのコメンテーターが、手のひらを返したように仲邑菫さんをベタ褒《ぼ》めしているのは見苦しい。**彼女の才能を開花させたのは、学校の黒板や教科書ではなく、ネットでありパソコンやスマホじゃないか。**

スティーブ・ジョブズは、未就学児童どころか1歳児、2歳児であっても直感的に操作できるようにiPhoneやiPadを設計した。スマホさえフリーハンドで与えれば、子どもたちはわからないことを自分で調べ、どんどん先に進んでいく。

学校や教師、親といった邪悪な存在から、子どもたちを解放してあげなければヤバい。文科省が指導する画一的な教育を強制的に受けさせ、**子どもをがんじがらめに縛っているうちに、もって生まれた才能の芽を摘んでしまう。**

僕はかつて、子どもの言うことなんてまったく聞いてくれない両親のもとで、暗い少年時代を送った。親の呪縛から解放されて自由になったのは、中学1年生のときのことだ。県内で一番といわれた進学校に合格したことをダシに、「これから絶対コンピュータの時代がやってくる」となんとか親を説得して、7万円のコンピュータを買ってもらった。中2になると、親から20万円を借金してハイスペックのマシンをゲットし、早朝の新聞配達で借金を返した。

あのとき思い切ってパソコンを買っていなければ、今の僕はなかった。**田舎暮らしの僕だったけれど、パソコンとネットのおかげで、自由を勝ち取ることができたのだ。**

あと少しだけ遅く生まれていれば、僕は幼い頃からスマホとネットに熱狂して学校になんて行かなかったと思う。**僕はただただ、デジタルネイティブ世代がうらやましい。**

堀江の結論

① 「いつまでも飽きない」「何かに没頭できる」というのは誇るべき資質だ

② 10歳でプロになった囲碁の仲邑さんはAIで才能を開花させた

③ パソコンとネットのおかげでどこにいても「自由」が手に入るようになった

「結婚制度」のウソ

22

結婚は楽しい人生を邪魔する障害でしかない

ライフスタイルが変われば人生観や価値観も変わる

結婚は人生最大の不良債権――。そう言い放った人がいる。家族・親族とのしがらみ、マイホームや車のローンといった不良債権を「損切り」できたとき、人はどれほど自由になれることか。

かく言う僕も、実は若いときに一度の結婚歴があり、子どももいる。結婚生活はうまくいかず、妻とは離婚して子どもとはその後一度も会っていない（もちろん親としての責任をとり、養育費はちゃんと支払っている）。

20代、30代と年を重ねるにつれて、「結婚しないの？」といちいち質問してくる奴《やつ》に遭遇する機会もそれなりに増えるが、あまりにもウザい。LGBTの人だっているのだし、**人にはそれぞれの事情というものがある。結婚を人生のデフォルトと決めつけるのはどうかしている。**

結婚したらしたで「子どもは？」とセクハラしてくるし、子どもが一人できたらできたで「二人目は？」とまたセクハラしてくる奴もいる。子どもが欲しくて不妊治療をがんばっている人だっているのだし、流産や病気のせいで子宝に恵まれないカップルもいる。経済的な理由で子どもをつくれない家庭だってあるし、たんに子どもが欲しくないカップルだってたくさんいる。

社会的にとうに不要になった制度

そもそも、なぜみんなそんなに結婚したがるのだろう。たとえば30歳で結婚して80歳まで生きるとしたら、丸50年間もたった一人の人間を生涯のパートナーとしなければならない。若い頃はいろいろな人とつきあったり別れたりしていたのに、**ある日突然、自由恋愛をスッパリやめて一人のパートナーと独占契約するなんて無理がある。**

韓国ではちょっと前まで「姦通罪《かんつう》」なんていう犯罪があり、不倫をすると法的に罰せられた（さすがに2015年に廃止された）。日本にはそんな罪はないのに、芸能人が不倫なんてしようものなら、「凶悪犯罪」でも起こしたかのごとく、寄ってたかって集団リンチする。

一夫多妻制の国なんていくらでもあるのだし、大正天皇の時代まで皇室には側室制度が公然と存在した。かつて政治家やセレブはお妾《めかけ》さんを何人も囲っていたものだ。僕らだって、自分が置かれている立場や環境によって、時間を共有したい相手は変わってくる。**人生のパートナーをたった一人に絞る必要なんてなく、その時々、ファジーに入れ替えればいいのだ。**

極論を言えば、結婚は楽しい人生を邪魔する障害でしかないとすら思う。子どもが成人するまでの20年間、かいがいしく世話を焼き、多額の養育費や教育費を引き受ける。パートナーの実家に定期的に帰省して、神経をすり減らしながら義父母のご機嫌取りなんかをしてみせる。親が高齢化したら面倒をみなければならないし、葬式や墓の問題だってある。

こんな大変な思いをしてまで家庭をもちたいとは、まったく思わない。駄々をこねて泣き叫ぶ子どもを毎日のようにどなり散らしている親がいるが、あんな地獄絵図は願い下げだ。僕にとっては、「友達の子ども」くらいの距離感がちょうどいい。たまに会う程度なので、思いきり優しくしてあげられる。**どうしても子どもが欲しくなったら、里親制度に登録して身寄りのない子どもを引き取るという選択肢だってある。**

「結婚する人が減れば少子化が進む」という指摘もおよそ的外れだ。結婚しようがしまいが、子どもは生まれてくるものだ。子育て世帯へのインセンティブを官民挙げて強化し、生まれた子どもに対する扶養義務をきちんと法制化すれば、少子化に歯止めをかけることは可能だ。

そもそも結婚（一夫一妻）制度とは、産業の主体が農業だった時代につくられたものだ。先祖伝来の田畑を「長男に相続させる」という明確なルールを徹底させなければ、別の人間に農地が譲られて土地が細分化したり、耕作放棄地（荒地）になってしまったりするから、年貢を徴収するにあたって効率が悪くなる。放っておくとモテ男に複数の女の子が集中してしまい、非モテ男があふれるため、「一夫一妻制」をつくって、長男が必ず結婚できるようにしたのだ。

農業人口が少なくなった現代に、このような結婚制度はまったくそぐわない。社会的にはとうに不要になった制度が、惰性で残っているだけなのだ。

あるとき「結婚するより家事代行サービスを頼んだほうが、コスパがいいですよね」と、なれなれしく話しかけてくる奴がいて、さすがの僕も驚いてしまった。そいつは男だったが、「結婚＝家政婦を雇うこと」くらいにしか思っていないのなら、その主張は間違っていないだろう。**「家事＝奥さんにやらせておけばいいもの」という、悪気のないマッチョイズムが、日本社会ではいまだにはびこっているのかもしれない。**

堀江の結論

①

結婚を人生のデフォルトと決めつけるのはどうかしている

②

「一夫一妻制度」は、為政者が効率よく支配するためにつくったシステムだ

③

「結婚＝家政婦を雇うこと」くらいにしか考えていないバカもいる

23

「医療行政」のウソ

「ゼロリスク症候群」にとらわれていたらがんは撲滅できない

予防医療普及協会を設立「がん撲滅」を目指す

これまで僕は、「HORIEMON.COM」やメールマガジンで多くの医師や科学者、研究者と対談を重ねてきた。そんな活動のなかで健康や予防医療に強い関心を抱くようになり、2016年夏には仲間と一緒に一般社団法人「予防医療普及協会」を設立している。

あるとき僕は「胃がんの99%はピロリ菌が原因」と聞いて深い衝撃を受けた。水道が整備されていなかった時代、日本人は消毒処理が施されていない井戸水や湧き水を飲んで生活していた。そうした水の中に潜むピロリ菌が、胃の中に侵入する。「雑菌なんて消化液によって殺されるだろう」と思う人が多いだろうが、なんとピロリ菌は胃粘膜の中に潜りこみ、しぶとく生き続けるのだ。

すると胃炎や胃潰瘍、十二指腸潰瘍《かいよう》などさまざまな病気を誘発し、最終的に胃がんを発症することすらある。**日本では毎年5万人が胃がんで死亡しているが、早期にピロリ菌を除菌しておけば、5万人の命を救えたかもしれない**のだ。

13年からピロリ菌除菌の保険適用が拡大され、胃潰瘍や十二指腸潰瘍のみならず慢性胃炎までカバーされるようになった。国を挙げての「胃がん撲滅プロジェクト」が始まったのだ。14年にはＷＨＯ（世界保健機関）がらみの専門家集団「国際がん研究機関」が「胃がん対策はピロリ菌除菌を中心とするべき」と宣言した。

肺がんや大腸がんの死者数が上昇しているのとは対照的に、保険適用以降、毎年胃がんの死者数は減少している。除菌は、間違いなく日本人の命を救っていると思う。そこで予防医療普及協会では、ピロリ菌検査や除菌後の内視鏡検査を推奨する「ピ」キャンペーンを立ち上げて啓蒙《けいもう》活動を進めている。

さらに「パ」キャンペーンについても説明しよう。日本では年間約3万人が子宮頸《けい》がんと診断され、約1万人が子宮を摘出し、約３０００人が亡くなるそうだ。子宮頸がんの原因は、ほとんどがセックス時のＨＰＶ（ヒトパピローマウイルス）の感染によるものだということがわかっている。**女性だけでなく男性にも、予防ワクチン接種を受けさせれば、子宮頸がんは日本から制圧できるといえる。**

ところが「子宮頸がんワクチンで健康被害を受けた」と主張し、薬害訴訟を起こす人々が現われたため、13年、日本政府は子宮頸がん予防ワクチン接種の積極的勧奨を中止してしまった。厚生労働省の医療行政の不作為としか言いようがない。

18年12月、**ノーベル医学生理学賞を受賞した本庶《ほんじょ》 佑《たすく》 氏が、ストックホルムで開いた**

記者会見で、「子宮頸がんワクチンの副作用というのはいっさい証明されていない」と発言している。子宮頸がんワクチンの接種率が日本できわめて低いことの一因として、本庶氏は「マスコミの責任は大きいと思う」と続けた。このニュースを知っている人は少ないかもしれない。ノーベル賞をとった「時の人」、**本庶氏の発言でさえ、多くのメディアは「黙殺」したのだ。**

できることなら永遠に生き続けたい

医療行為にともなう副作用や事故は、どうしたってゼロにはできない。ゼロリスク症候群にとらわれていたら、怖くて病院になんて行けなくなってしまう。**子宮頸がん予防ワクチンに拒絶反応を示す人たちをみていると、事故が怖くて飛行機にも車にも乗れず、家に引きこもってつまらない人生を終えるようなものじゃないか、と思ってしまう。**

多くの先進国ではワクチン接種が普及しているのに、日本だけが取り残されて子宮頸がん撲滅に遅れをとっている。しかも、キットを使えば家庭でも簡単に検査ができるというのに、そうした事実もあまり知られていない。「パ」キャンペーンでは、こういう重要な情報を周知徹底しながら子宮頸がん撲滅を目指している。

ほかにも大腸がん予防を目指す「プ」キャンペーンを立ち上げるなど、予防医療普及協会はさまざまな活動を並行して展開してきた。

ピロリ菌除菌への保険適用は、自公政権の与党政治家ががんばったおかげで実現した。専門家によると、これは政治決断がなければできない画期的な業績なのだそうだ。人々のために役立つ政策を前に進めるため、権力を握る人たちには、その権力を正しく行使してもらわなければならない。**政治が動かないと変わらないことはたくさんある。**

予防医療普及のためなら、僕は政治家にいくらでも頭を下げる。政治家と聞いただけで、アレルギー反応を起こしたり、不信感をもつのはまったくのナンセンスだ。法改正や制度導入が前進して、世の中が少しでも良くなるんだったら、いくらでも政治家の力を借りたらいいではないか。

病気がみつかってからあわてて治療するのではなく、病気がみつかる前に手当をほどこす予防医療の時代がやってきた。僕にはやりたいことが山ほどある。**病気なんかのせいで人生を途中で打ち切られるのはあまりにも惜しいし、できることなら永遠に生き続けたい。**だから今日も、僕は予防医療に努めて健康寿命増進に励むのだ。

堀江の結論

①

ピロリ菌除菌に保険が適用されたら
胃がんの死者数は減少した

②

「子宮頸がんワクチンの副作用というのは
いっさい証明されていない」
（ノーベル賞・本庶佑氏）

③

予防医療を普及させるためなら、
僕は政治家にいくらでも頭を下げる

「夢のマイホーム」のウソ

24

マイホーム購入のために多額の借金を背負いこむナンセンス

ホテル暮らしにして余計な荷物を処分

僕はかつて六本木ヒルズの賃貸マンションで暮らしていた。逮捕・収監を理由に追い出されたことをきっかけに、2014年からホテルや友人宅を泊まり歩くノマド生活を始めた。不動産投資にはまったく関心がないし、**特定の居住地はない。**

そのおかげで僕のライフスタイルは最適化された。「連日のようにラグジュアリーホテルに泊まっていたら、出費がすごいんじゃないか」と心配する人もいるかもしれないが、六本木ヒルズで家を借りるコストと比較すれば、大して変わらない。

定住をやめたことによって、余計な荷物を処分できたことも大きなメリットだ。**現在、僕が所有する荷物は、服とスマートフォンくらいしかない。**仕事や原稿書きはiPhoneで完結するため、パソコンも要らなくなった。冷蔵庫はホテルにあるし、洗濯はホテルのクリーニングサービスに頼んでいる。

マンション住まいだった頃は大量のマンガをコレクションしていたが、マンガはキンドルに一本化して紙の本はすべて処分した。当然、本棚なんて必要ない。服はファッションレンタルを使ったり、ワンシーズン着たらだいたい捨ててしまう。手元に置いておく必要がない荷物は、トランクルームに放りこんでおけばいい。

自炊したくなったら、自分が経営する「THE WAGYUMAFIA」で肉をさばいて料理を振る舞う。キッチン付きの宿に泊まるのもいい。Uber《ウーバー》やタクシーに乗ったり、カーシェアリングを利用すれば、駐車場も必要ない。**持ち家だろうが賃貸マンションだろうがホテル暮らしだろうが、シェアリングサービスを使えばだいたいのことができる。**

「ハワイや沖縄、軽井沢に別荘をもちたい」という願望も僕にはない。別荘に出かけてのんびりバカンスを楽しむなんて、せいぜい年間で10日程度だろう。稼働率が低すぎる。たったそれだけのために、わざわざ別荘を買う神経が理解できない。**一泊30万円のスイートルームでも借りたほうが、よほど安上がりだ。**

立派な家が余りまくる時代がやってくる

そんな説明をいくらしても、世の中のサラリーマンの多くが「マイホーム」を買いたがる。年収が1000万円にも遠く及ばないのに、30年ローンとか35年ローンを平気で組んで何千万円の借金を背負いこむとは、狂気の沙汰だ。

配偶者と子ども２人の４人家族を想定して３ＬＤＫの家を買ったあと、不倫で家庭が崩壊して一人ぼっちになってしまう可能性だってある。東京にマンションを買ってバカ高い借金を返しながら、地方で単身赴任するなんていう生き方も理解不能だ。家をもてば、ローンとは別にあちこちの修繕費用も発生する。

定年まで健康で働き続けられる保証なんて何一つないし、大病をして離職したりリストラに遭って失職することだってある。未来予想図なんて誰にもわからないのに、よくもまあ何千万円ものローンを組めるものだ。居酒屋で一杯やるときには、会計が３０００円を超えるかどうかでビクビクしたり、１円単位まで割り勘するほどドケチなのに、何千万円もの借金をすることには躊躇《ちゅうちょ》しない。狂っているとしか思えない。

それに日本は地震大国だ。東北では、新築したばかりのマイホームが地震や津波で破壊される事例が続出した。「そんなときのために地震保険に入っているのだ」と反論する人もいるだろうが、**もし首都直下型地震が起きれば、保険会社はデフォルト（債務不履行）に陥って保険金なんて払えなくなる。**そうなれば莫大《ばくだい》なローンだけが残る。

持ち家についてネガティブな話をすると、「今のうちに家を買っておかなければ、年金暮らしになったとき路頭に迷う」「高齢者は家を貸してもらえなくなる」と、決まって反論してくる人がいる。これは不動産会社の営業マンが煽《あお》る不安ビジネスの受け売りだ。こんな説明を鵜呑《うの》みにする人間は、どれだけ情弱《じょうじゃく》でナイーブなのかとため息が出る。最近になってようやく、**若者のマイホーム離れがニュースにも取り上げられるようになってきた。車離れも進んでいるそうだ。時代がやっと追いついてきたのだ。**するとジイサンやオッサンは「ゆとり世代の負け犬的価値観」「若者は上昇志向がなさすぎる」とほざく。中高年は早く思考回路をアップデートしてほしい。

家を買うか買わないかなんて個人の自由だから、首に縄をつけてまで反対はしない。だが考えてもみてほしい。少子高齢化の流れはもはや食い止めることはできず、これから日本の人口はどんどん減っていく。**すでに所有者不明の空き家が社会問題になっているように、まだまだ住むことのできる立派な家が余りまくる時代がやってくる。**

一軒家は誰も住まないと荒れて傷む。また、空き家を放置しておくと、放火やゴミの不法投棄などの心配も出てくるし、ご近所トラブルの火種にもなる。いまに「家賃は要らないから、空き家に住んでハウスキーパーをやってほしい」と懇願されるような時代がやってくる。**家賃が無料になる夢のような時代がやってくるのに、何千万円も出して家を買うなんて愚の骨頂としか言いようがない。**

堀江の結論

①

特定の住居を持たない「ノマド生活」で僕のライフスタイルは最適化された

②

不動産会社の営業マンのトークを鵜呑みにするのは情弱バカだ

③

若者のマイホーム離れ、クルマ離れを批判する中高年は思考回路をアップデートせよ

「親になって一人前」のウソ

25

子どもを生まない自由、子どもを育てない自由があってもいい

元妻とは子育てに関する考え方が決定的に違っていた

僕は子どもが嫌いなわけじゃない。というか、僕には離婚歴があって息子が一人いる。デキちゃった婚だったのだが、**結婚生活はどうにも僕になじまなかった。**東大在学中に起業してからというもの、僕は社長業をこなしながら朝から晩まで無我夢中で働いていた。**仕事に没頭することが自分のミッションだと思っていたので、家庭中心の生活とは縁遠かったのだ。**

会社でのポストを投げうって子育て中心の生活にシフトする人もいるし、一国の首相になってほどなく、6週間の産休をとって公務を休んだツワモノもいる（ニュージーランドのジャシンダ・アーダーン首相）。わが子の成長を見守るのは、驚きと感動にあふれて飽きることがない、という考えもわかる。事実、僕も自分の子どもがとても愛《いと》おしかった。

しかし、子育てに仕事の時間を奪われるのは耐えがたい苦痛だった。だから**ベビーシッターや家政婦をフル活用する、ラクな子育てを提案してみたのだが、元妻は感情論でそれを却下した。**

一時期、土日だけは仕事をまるっと休んで育児に集中したこともある。子どもを風呂に入れたり、献身的にオムツを替えるのは重労働だった。子どもは愛くるしいが、知能は未発達なので、スムーズにコミュニケーションをとるのは難しい。どちらかというと「一人の人間」というより、「動物」に近い感覚だった。子どもと対等なコミュニケーションがとれるようになれば、「子育て」にも全然違った面白さがあるのかもしれない。しかし、子育てに関する考え方が決定的に違っていたこともあって、子どもが2歳になる前に妻とは離婚した。

子どもを生み育てることを、手放しで礼賛する風潮はおかしい。一人暮らしをしている人や、子どもがいないカップルを、社会的欠損のようにみなすバカもいる。

そもそも、子どもを盲目的に「社会の宝」だと信じて疑わない人たちはおかしい。人々に迷惑ばかりかけるヤバい大人が、世の中には掃《は》いて捨てるほどいるけれど、彼らも、もともとは子どもだったわけだ。**クソガキがそのまま大きくなったような大人を見ていると、子どもは資産どころか負債なんじゃないかとすら思う。**

あの手この手で「子ども最高」「子育て最高」の価値観を押しつけるのは、やめてほしい。授乳期の母親はよくマタニティブルーになるし、24時間態勢で子どもの面倒をみなければならない。睡眠時間を削り、仕事や趣味に割く時間なんてまったくないなか、それでも**子どもを生み育てることが「人間の責務」だとは、僕は思わない。**子どもを生まない自由、子どもを育てない自由があってもいいんじゃないだろうか。

有名ヴァイオリニストのメチャクチャな子育て論

子育てに熱中するあまり、子どもを自分の「所有物」と勘違いして過剰なプレッシャーを与える大人もいる。塾やバレエ、ピアノや水泳など習い事をありったけ詰めこむ親は多い。かく言う僕も、苦痛でしかない柔道を無理やり6年間やらされた経験をもつ。

自分が果たせなかった夢を実現させるため、まるでコピーロボットのように、自分と同じことを子どもにやらせようとする親もいる。まだ分別もつかない少年少女を子役事務所に送りこみ、ステージママ・パパとして張りついているバカ親も多い。

宝塚音楽学校に入れてヅカ女優にさせたいとか、お受験で名門校に入れてゆくゆくは東大・京大を卒業させたいとか、素質もない子どもに無茶なスパルタ教育を押しつける親のいかに多いことか。**子どもの自由を奪い、お金や手間をたっぷり投入して操り人形に仕立て上げようとしても、思いどおりにいかないことのほうが多い。**しかも、遅かれ早かれ子どもからは恨まれる。**こんな子育てで誰一人、幸せになる者はいない。**

とある有名ヴァイオリニストが、新聞にメチャクチャな子育て論を書いて炎上したことがある。ゲームで遊んでいい時間を取り決めていたものの、ルールを破って遊んでいた子どもにブチギレて、ゲーム機をバキバキにへし折って破壊してしまったのだ。「しつけ」と称して自分の感情を爆発させ、子どもの心を傷つける親は、自己中心的だ。この人は、DV一歩手前のことをやっているんじゃないかとさえ思う。

このような親のやることは論外としても、**子育てはぶっちゃけ、すごく大変だ。**だからこそ、他人に任せられるところはどんどん任せたらいい。**「全部、自分でやらなくちゃや」と抱えこまずに、他人に依存していい。**まわりに迷惑をかけずにラクできる方法はいくらでもある。

正直言って、好奇心の塊のような幼児との会話に、延々とつきあっていては身がもたない。時にはiPhoneやiPadのアプリを使ったり、Alexa《アレクサ》(Amazon Echo)でAIとおしゃべりしてもらったりしつつ、息抜きしたっていいではないか。

「子育てに苦労はつきもの」というドMな子育て論は、もはや時代にそぐわない。地域や会社、IT技術とも連携して社会全体で子育てする仕組みづくりも大切だと思う。

堀江の結論

①

子どもを生み育てることを
手放しで礼賛する風潮はおかしい

②

子どもを自分の「所有物」と勘違いし、
暴走しまくるバカ親が多すぎる

③

もっとラクに子育てする方法は
いくらでもある。柔軟に思考せよ

26

「社会保障制度」のウソ

ベーシック・インカム導入で「好き」を仕事にできる時代がやってくる

富裕層にも一般庶民にも一律のお金を政府から支給

ＨＩＵ（堀江貴文イノベーション大学校）では、５人のメンバーを対象として「ベーシック・インカム」の実証実験をやっている。ベーシック・インカムというのは、生活に必要な最低限度の金額を、すべての人が無条件で国から受け取ることのできる制度のことだ。この実験ではＨＩＵから毎月10万円を支給し、メンバーにはそのお金を自由に使って毎月レポートを書いてもらう。**続々と面白い報告が上がってきており、「働かなくても楽しく、幸せに生きられるヒント」がどんどん集まっている。**

日本は超高齢化社会だ。出生率が上がらないので、年金制度をこれまでどおり維持するのは不可能だ。そこで年金の受給がスタートする時期を引き上げるとか、受け取り額を減らすといった対策が議論されている。**僕は、公的年金はだんだん縮小しながら解消を目指し、ベーシック・インカムで社会保障を統括するのがベストな選択だと考えている。**財源は消費税でまかなう（そのためには北欧なみの大幅な消費増税が必要だが）。

ベーシック・インカムを導入するためには、既存の社会保障制度を「ガラガラポン」（総リセット）で撤廃しなければならない。そのうえで、富裕層にも一般庶民にも一律のお金を政府から支給するのだ。障害者手帳をもっている人や困窮世帯には、ベーシック・インカムとは別に、生活を保護するための手当を支給すればいい。

北欧・フィンランドでは、すでにベーシック・インカムが試験的に導入されている。スイスでは国民投票でベーシック・インカム導入が否決されてしまったものの、人口1000人ちょっとの村で実証実験の準備が進んでいる。

人口1億人の国で、いきなり全国民を対象に実施するのには大きな政治決断が必要だろうが、小さな自治体であれば、首長の判断で試してみるのもいい。**現行の政権の支持率が急落したとき、「ベーシック・インカムは是か非か」を問う解散総選挙で起死回生を図るのも面白い。**

ネトゲ廃人や引きこもりを、無理やり家の外に引っ張り出して働いてもらおうとしても、そう簡単にはいかない。キツい肉体労働や危険な仕事、単純作業以外に働き口がみつからない人だっている。ハローワークなどの就労支援サービスや職業訓練のコストだって、バカにならない。

それならば、ひとまず**最低限の生活ができるベーシック・インカムを一律で支給し、そのうえで働きたい人にだけ働いてもらったほうが合理的だと思う。**

「好きなことだけ追求する人」が世界を変える

もちろん仕事とは、たんにお金を稼ぐためだけにやるものではない。汗を流し働いて得たお金で家族を養えば、「自分は家族を守っている」という自信になる。誰かが感謝してくれたら、「自分も社会に貢献できるんだ」という喜びにもつながる。しかし、**いわゆる「仕事」が向いていない、という人は、無理して働かないことが、社会貢献につながる可能性もある。なぜなら今は、好きなことだけやって生きていける時代だからだ。**

彼らにはむしろ、「社会にとって役に立たないこと」をどんどんやってもらいたい。政府から支給されたベーシック・インカムを使って面白いアプリやゲームを開発したり、キャンプやバーベキューなどのイベントを企画してもらったりする。いわゆるサラリーマン的な働き方とはほど遠いから、遊び呆《ほう》けているようにしかみえないかもしれない。それでいい。**遊び人のように好きなことだけ追求する人たちが、世の中を今よりもっと面白くしてくれると思うのだ。**

具体的には、経済評論家の山崎元《はじめ》氏が提唱する「スモール・ベーシック・インカム」

がいいんじゃないか、と僕は思う。このシステムでは、生まれたての0歳児を含め全国民に一律で最大5万円を支給する。**これを導入すれば児童手当をバージョンアップしたかたちとなり、少子化を解消するための大きなインセンティブにもなる。**

ベーシック・インカムを導入すれば、社会保障制度の維持にかかっている膨大なコストをいっぺんに減らすことができる。現状では、不正受給の問題などもあって、本当に困窮している人が生活保護を受けようとしても、ハードルが高かったりする。子どもや親から扶養を断わられない限り、生活保護をもらうことは難しい。家族からDVを受けた過去があるなど、そもそも扶養の可否についての確認がとれないケースだって多いだろう（だからそういう人たちは生活保護をもらうことができない）。**無条件で一律支給されるベーシック・インカムは、複雑な事情を抱えた人たちへのセーフティネットにもなる。**

野村総合研究所とオックスフォード大学は「10〜20年以内に日本の労働人口の49％がAIやロボットによって代替可能になる」という仮説を2015年に発表している。早ければ25年にはAIやロボット、自動運転車がガンガン働いて富を生み出し、**世の中は遊び人だらけ、というまるでSFのような未来が訪れるかもしれない。**

ベーシック・インカムの導入について、政府には今から真剣に検討を始めてほしい。

堀江の結論

1

働きたい人にだけ
働いてもらったほうが合理的だ

2

「社会にとって役に立たないこと」が
世界をもっと面白くする

3

ベーシック・インカムは、生活保護よりも
効率のいいセーフティネットだ

第5章

日本の常識は
世界の非常識

27

「マナー大国」のウソ

「席、倒していいですか？」という非効率マナーは「自己中」人間のリスクヘッジにすぎない

座席を倒したいなら勝手に倒せばいい

新幹線で、いちいち「席、倒していいですか？」と確認してくる奴《やつ》がいる。正直言わせてもらうと、ウザい。座席を倒したいなら勝手に倒せばいい。トラブルになるのを避けようと事前確認を取っているつもりなのだろうが、**そうやってなんでもかんでも保険かけようとすんなボケ、と心の底から思う。**せっかく人がくつろいでいるのにもかかわらず、バカがいきなり話しかけてくるせいで一気に不愉快になる。

そもそも、知らない人から突然話しかけられると、心臓がドキッとする。**意外かもしれないが、僕は事故に巻きこまれるのが嫌で、普段からかなり気をつけて生活している。**不特定多数が集まるスクランブル交差点のような場所を歩くのは、できる限り避けるようにしている。混雑した電車のホームで誰かとぶつかって、線路に落ちでもしたら大変だ。テロの心配だってあるし、電車にはなるべく乗らないようにしている。

タクシードライバーはこのところどんどん高齢化しているから、ブレーキとアクセルを踏み間違える事故だとか、運転手がいきなり脳溢血《のういっけつ》を起こすことだってありうる。だからタクシーに乗るときには、必ず後部座席に座ってシートベルトを着用している。

それくらい慎重になっている僕だけに、知らない人間に前触れもなく話しかけられるのはとんでもないストレスだ。気配を感じてハッと顔を上げたら、見ず知らずの人が手を差し伸べてくることもある。うつむき加減にスマートフォンを見ていたら、わざわざ下から僕の顔を見上げて「あんた、ホリエモンよね」と話しかけてくるオバちゃんもいた。なんというハートの強さだろう。ここまでくるともう怪談だ。

僕に気づいた見ず知らずの人が「一緒に写真撮ってもらっていいですか」と聞いてくるのにもウンザリだ。友人でもない、知り合いですらない人と一緒に、なんで写真なんか撮らなければいけないのか。僕が彼らにつきあい、自分の時間を差し出すメリットはどこにあるんだろう。**「他人の時間を奪う」という行為が、一種の暴力行為であることを自覚してほしい。**

僕はものすごい回数、新幹線に乗ってきたが、**数年前までは「席、倒していいですか?」なんて聞いてくる奴は一人もいなかった。**この不思議な習慣はどうやって生まれたのか。

暗黙の「謎ルール」と「生きづらい社会」

第一に、新幹線内でノートパソコンを使って仕事をするサラリーマンが増えたことだ。パソコンを前の背もたれギリギリまでもたせかけていると、座席が倒れてきたときパソコンにゴツンと当たることがある。

第二に、新幹線の車内アナウンスが「座席を倒すときには、まわりのお客様にご配慮ください」という余計な呼びかけをしていることだ。

第三には、ＳＮＳの影響がある。僕みたいに**「座席を倒そうが倒すまいが個人の自由だ」と思っている人間がサイレント・マジョリティなのに、一部のノイジー・マイノリティが「黙って座席を倒してくる失礼な奴がいた」などと怒って文句を書く。**するとそいつの友人知人やフォロワーが「自分がやっていたことはマナー違反だったのか」と誤解して、知らない人間に突然声をかけ始めるのだ。

行き先を告げると、**「ルートはどういたしましょうか」といちいちこちらに確認してくるタクシー運転手もいる。**最短ルートで目的地まで客を連れていくのが彼らの仕事だろうに、なぜ僕が道順までレクチャーしてやらなきゃならないのだろう。住所を口頭で確認しているくせに、カーナビの操作をミスって全然違う場所で降ろされたこともある。

あるとき、大阪で行き先の住所を告げると、個人タクシーの運転手が「覚えられへん」とキレ始め、警察に110番通報までされたことがあった（駆けつけた警察官から「このタクシーヤバいんで、ほかに乗ったほうがいいですよ」と言われた）。

こんなケースは論外だとしても、日本に残存する「非効率マナー」の、いかに多いことか。座席を後ろに倒すくらいのことで、いちいち見知らぬ人間に話しかけるのが「礼儀」だと信じこむ人たち。**そんなの礼儀でもなんでもなく、「自己中」人間のリスクヘッジにすぎない。**タクシー運転手のルート確認にしても、サラリーマンのネクタイにしても同様である。そんなつまらないリスクヘッジのために、**暗黙の「謎ルール」をどんどん厳しくしていけば、その先に待ち受けているのは閉塞感に満ちた「生きづらい社会」だ。**

意味のないマナーのためならジェントルマンぶって他人に話しかけるくせに、そういう奴に限って電車内で松葉杖をついた人に座席も譲らずタヌキ寝入りし、ベビーカーを押しているお母さんにはスペースを空けてあげるどころか舌打ちしたりする。日本には、**礼儀もマナーもアップデートできていない輩《やから》が多すぎる。**

堀江の結論

① 「他人の時間を奪う」のは一種の暴力行為だ

② マナーとはノイジー・マイノリティに配慮すればするほどガチガチに厳しくなる

③ 日本人の多くは礼儀もマナーもアップデートできていない

28

AIやLINEでも診察はできる

相変わらずの「3時間待ちの3分診療」

2011年、長野刑務所の受刑者だった当時、獄中で腎臓結石が見つかった。これには肝を冷やした。刑務所内ではシャバのように充実した医療を受けられないから、服役中の時間を騙《だま》し騙し乗り切り、シャバに出てきてからしっかり治療を受けた。

東京慈恵会医科大学附属病院での治療はうまくいったのだが、不愉快な出来事もあった。朝10時半に予約を入れ、**時間ピッタリに病院に到着したのに、ちっとも診察の順番が回ってこないのだ。**あやうく次の仕事に遅刻しかけ、やむなく診察をキャンセルして病院をあとにした。**「日本の医療業界は相変わらず安かろう悪かろうだな」と呆《あき》れたものだ。**

寿命を延ばすために病院に来ているのに、ムダな待ち時間を強いられて人生を浪費する。このバカバカしい矛盾をどう考えればいいのだろう。時はカネなり。病院や医師は、人の貴重な時間をいったいなんだと思っているのか。

大学病院に限らず、町医者にもこうした「ムダ」がはびこっている。**ネットやスマホアプリを活用すれば、混雑状況を時々刻々更新して客入りを最適化できるに決まってい**

る。だが医療業界では、スマホを使った分単位のアポ入れがまったく進まないのだ。インフルエンザの流行期に受診なぞしようものなら、陽性患者がそこらじゅうでゴホゴホやっている待合室で2時間も3時間も待たされるハメになる。

ようやく自分の順番が回ってきたと思ったら、医師は患者の顔をチラッと眺めるだけで、あとはパソコン画面を凝視してキーボードを叩《たた》く。機械的に症状を聞き取り、自動販売機のように処方箋《せん》をプリントアウトする。何時間も待たされた挙句、たった数分間の形式的な診察しか受けられない。**こんな診療だったら、ぶっちゃけＡＩ（人工知能）や、専門家が操作するＬＩＮＥのチャットボットでも成り立つと思う。**

ＣＴスキャンやＭＲＩのような専門検査は、最寄りの病院で空き時間を指定してサクッと撮影してデータを転送してもらえばいい。ＣＴやＭＲＩの画像診断には、誤診がしばしば発生する。**一人の医者が診断を完結させるのではなく、腕のいい別の専門医とＡＩとの合わせ技でセカンド・オピニオン、サード・オピニオンあたりまで一気に出せるようにする。**誤診を防ぎ、なおかつスピーディな治療を進めるため、こういう診療を可能にしたっていい。

診断はＬＩＮＥやスカイプ、メッセンジャーのテレビ電話機能を使って済ませ、メールで処方箋を出して薬はデリバリーしてもらう。もちろん支払いはクレジットカードなどのオンライン決済ですべてＯＫ。

こうすれば医師も看護師も薬剤師も患者もみんなが得をするはずなのに、規制や古いしきたりが邪魔をしているのだ。

「世界の常識」医療大麻も合法化されない日本

昔から医師も看護師も人手不足が常態化しており、カップラーメンをすすりながら24時間連続勤務、なんてこともザラだ。水曜日は正午までの半ドン診療のはずなのに、朝から大勢の患者が押しかけるせいで、昼休みがまったくとれずに夕方まで勤務が続く。こういうひどい労務環境は、都市部ではあちこちですっかり定着してしまっている。

医師は働きすぎだ。**月１００時間を軽く超えるような時間外労働を強いられ、オフの日でさえ携帯電話にどんどん緊急連絡が入るというブラック労働によって、突然死したり燃え尽き症候群に陥るという不幸な例もある。**医師や看護師の業界にも働き方改革が求められる時代だし、仕事を効率化しなければ過労は医療事故を誘発するだろう。

諸悪の根源は、日本医師会にあるのではないだろうか。彼らは規制緩和に強硬に反対し、医療大麻使用の合法化という世界的な潮流に乗り遅れている。医師や看護師のブラック労働はいっこうに改善されず、患者も膨大な時間をムダに奪われる。ガラパゴス状態で硬直化する日本の医療は、いったい「誰得」なのだろう。

一部の病院や薬屋では、クレジットカードによる決済が可能になった。会計時のムダな待ち時間を1秒でも減らすために、これくらいのことは今すぐ導入してほしい。**「非効率の象徴」のような病院で思いきった改革をどんどん実行すれば、「行列ができる料理店」ならぬ「行列がまったくできない病院」として人気を呼ぶにちがいない。**

芸能人やセレブ御用達の一部専門病院では、すでにそういうサービスがある。一般客に顔を見られることのない動線を確保し、最短の診断時間で診療を終えられるのだ。映画館のプレミアムシートや遊園地のファストパスのような発想で、いくらか余計に支払えば診療の優先ルートにハメこんでもらえるサービスを町医者が始めるのもいい。

民間業者は病院経営を思いきって改め、政治家は日本医師会の岩盤規制をぶち壊して医療保険制度の改革を進める。この両面から攻めこまなければ、日本のダメな医療は20世紀の遺物として今後も残り続けることになるだろう。

堀江の結論

①
スマホアプリを活用すれば
病院の待ち時間は最適化できる

②
医師や看護師の
ブラック労働は深刻な問題だ

③
日本医師会の岩盤規制は
ぶち壊す必要がある

「スポーツは稼げない」のウソ

29

世界のサッカーの中心地は日本になる

「一大商業施設」になった横浜スタジアム

2016年1月、横浜DeNAベイスターズが横浜スタジアムを買収した。球団と球場の経営を一本化し、ビジネスとしてのプロ野球の収益率を上げようというのだ。11年末にDeNAが横浜ベイスターズを買収してから、池田純・初代社長は大胆な経営改革に打って出た。当時のベイスターズは球場の稼働率が半分にも届かず、**池田社長の就任当時は24億円もの赤字を出していた。**

このピンチを打開するため、ベイスターズと横浜スタジアムは常識をひっくり返すような事業を次々と始めた。野球観戦の醍醐《だいごみ》味の一つ、それはタンクを背負った「ビール売り子」の女の子たちからエビスやサッポロの生ビールを買い、飲みながらゲームを楽しむこと。**自前のビールを販売すれば、儲《もう》かるに決まっている。**そこで彼らはベイスターズオリジナルのクラフトビールを開発し、横浜スタジアムで販売し始めたのだ。

ビールは球場で飛ぶように売れる。その売上げたるや、年間8億円にも上るというのに、どういうわけかクラフトビールを自前でつくる球団は皆無だった。**ビールの自社開発に踏み切ったことで、横浜スタジアムはなんと、2億円も利益を増やしたそうだ。**

若手選手が暮らす寮の看板メニュー「青星寮カレー」や「青星寮フルーツボウル」、こだわりのパンにジューシーな粗挽《あらび》きソーセージとハラペーニョ（青唐辛子）をサンドした「ベイスターズドッグ」、レモンを丸ごと1個使った球団オリジナルレモンサワーなど、**横浜スタジアムでは攻めの新商品が次々と生み出された。**

売店では、ありふれたオフィシャルグッズにとどまらず、プライベートブランド「＋B」のアパレル商品やグッズも扱っている。

観戦チケットにも趣向を凝《こ》らしている。コアファン向けには、レアな角度からライブの試合がみられるモニターつきのボックスシート。床にゴロリと寝転んで観戦できるタイプのボックスシートは、子ども連れのファミリーにウケるだろう。富裕層向けのプレミアムテラスもあり、ビジネスモデルとしても優秀だ。

こうした企業努力によって、**ベイスターズは万年Bクラスなのに、横浜スタジアムはいつも満員の稼働率9割超えを実現した。24億円の赤字だった球団が、たった5年間で5億円の黒字を出すほどに成長したのだ。**11年に約110万人だった年間観客動員数は、なんと18年に200万人を突破した。

17年には、念願の日本シリーズにも出場した。万年Bクラスだったベイスターズの試合に客が押し寄せ、黒字化した収益がチームに還元される。**ビジネスとして成立させる仕組みをしっかりつくることで、チームと選手が強くなり、ますますファンが増える。**

こうして試合で結果を出せる好循環が生まれたのだ。

アジアでトップを目指せば、世界一になれる

プロ野球以外のスポーツにも無限の可能性がある。たとえばJリーグはイングランドのプレミアリーグよりもポテンシャルが高いといえる。**これから人口が増えて発展していくアジア圏で一番のリーグなのだから、当然だ。**１９９３年から四半世紀にわたって築き上げてきた歴史があるし、50を超えるクラブが加盟している。

これから新しいチャレンジもできると思う。J1よりもワンランク上のリーグを新設し、海外ファンにもアピールするため、**「イチバンリーグ」なんていうユニークな名前をつけるのもアリではないか。**スポーツは、強すぎるチームをつくってアンチから憎まれるぐらいがちょうどいい、と個人的には思う。

治安の良さに加えて、日本は食べ物がおいしいし、温泉やスキー場、歴史的建造物な

ど、魅力的な観光名所も多い。海外のスター選手をヘッドハンティングしたり、海外ファンを呼びこんだりするにあたり、**地政学的にアジアの他国よりも有利なのだ。**「サッカーの中心地が日本になる」なんて日も遠くないだろう。

２０１８年12月、僕は新たな挑戦に乗り出した。自ら主演するミュージカル「クリスマスキャロル」を東京で開催して大成功を収めたのだ。スタンダードな指定席やスタンディング席のほか、僕がプロデュースする「WAGYUMAFIA」が提供する和牛のフルコースを楽しみながら観劇できるプレミアム席も用意した。**この食事つきのアリーナ席は一席４万円だったけれど、完売。**評判も上々だった。

劇団員というと、普段はバイトをして生活費を稼ぎ、自ら出演する公演のチケットをノルマ制で売りさばくという過酷なイメージがある。しかし、ビジネスモデルさえしっかりしていれば、きちんと収益を出すことができる。**環境がよくなれば、演劇だってアップデートされる。**

「アーティストたるもの、表現のために霞《かすみ》を食って生きていくんだ」などと、ザ・昭和な精神論で突き進む人々に未来はない。演劇人やミュージシャン、アーティストも**「普通にカネを稼ぎながら表現する」生き方にパラダイムシフトするべきだ。**

堀江の結論

①
本気を出せば、球団の赤字は黒字化できる

②
Jリーグは英国・プレミアリーグよりもポテンシャルが高い

③
演劇、音楽、芸術もビジネスモデル次第では稼ぐことができる

「マンガは低俗」のウソ

30

マンガは「時間密度」が最も高い最強のメディア

忙しいビジネスパーソンほどマンガを読むべき

僕は自他ともに認めるマンガ好きだ。マンガ好きが高じて書評サイト「マンガＨＯＮＺ」を立ち上げ、「NewsPicks Comic」というレーベルの編集長にもなった。マンガのルーツともいわれる鳥獣戯画以来、日本はマンガ大国、アニメ大国として世界をリードしてきた。**世界を舞台にマンガを本格展開するような、すごい時代がいよいよやってくる。**これからが本番なのだ。

地球上に存在する約70億人の人間のなかで、とくにマンガに慣れ親しんでいる日本人はたったの1億人。残りの69億人はまだほとんどマンガを知らないわけだから、マンガカルチャーが浸透すれば、その市場はそれこそ、今の何十倍、何百倍と広がる。**世界に目を向ければ、マンガ市場はレッド・オーシャンどころか真っ青なブルー・オーシャンなのだ。**

テレビやラジオ、新聞や雑誌といったオールドメディアに加えて、スマートフォンアプリやゲーム、ＹｏｕＴｕｂｅ、ＮｅｔｆｌｉｘやＨｕｌｕなど次々と新しいメディアが誕生した。**メディアは限られた可処分時間（自由に使うことのできる時間）の奪い合いを**

しているのが現状だ。

理論的に考えて、マンガは時間密度が最も高いメディアといえる。映画館に出かけて映画を観れば、往復の移動時間も含めて少なくとも3時間が奪われる。大河ドラマを最終回まで観ようと思ったら、何十時間もじっとテレビの前に座っていなければならない。

音楽やフリートークをBGMとして流すぶんにはラジオや動画サイトも便利だが、情報を取り入れるツールとしては歩留まりが悪すぎる。音声コンテンツは「時間対情報密度」がスカスカなので、短時間で効率よく情報を吸収することが難しい。

映像や音楽が「受け身」のメディアである一方で、**自分のペースで読み進めることのできるマンガは、「能動的」に情報を取りにいけるメディアなのだ。**ゆえに、一定時間内で取りこめる情報量は最強だといえる。

時間効率がすごくいいので、収入が多い、時間単価の高い人たち、たとえば**忙しいビジネスパーソンほど、マンガを読むべきなのである。**

ところが、大人たちは「くだらないマンガなんて読んでいたら成績が落ちる」と言って、子どもからマンガを取り上げてきた。こういうことを言う奴《やつ》のほうがずっとくだらない。バカな大人は徹底的に無視して、わが道を行ってほしい。

世界市場で展開できる唯一無二のキラーコンテンツ

『鉄腕アトム』『ジャングル大帝』『ブッダ』『火の鳥』『リボンの騎士』『アドルフに告ぐ』『陽だまりの樹』など、手塚治虫《てづかおさむ》は不朽の名作を描きまくった。**日本のみならず世界中の映画監督や映像制作者は、手塚治虫のストーリーテリングと着想力、構想力を参考にしている。**原作・脚本・監督・小道具・大道具・照明・歴史考証に至るまで、映画では何十人、何百人が手がける仕事をマンガ家の多くは一人で担う。

手塚治虫の『ブラック・ジャック』を読んで医師になった人は数知れない。「『ドラえもん』のひみつ道具を実際につくりたい」と真剣に考えるうちに科学者になった人だっているし、『キャプテン翼』や『SLAM DUNK』を読んでスポーツ選手になった人もいる。『美味しんぼ』や『夏子の酒』を読んで料理人や酒造りの道に進んだ人もいるだろう。**『宇宙兄弟』はJAXAやNASAのプロジェクトを先取りしている。**

石ノ森章太郎の『マンガ日本経済入門』(全4巻)や『マンガ日本の歴史』(全55巻)は教科書の副読本として最適だし、歴史が嫌いな子どもにはとりあえず横山光輝《みつてる》の『三国志』を読ませておけばいい。

稀代《きたい》の読書家として知られる幻冬舎の見城徹《けんじょうとおる》社長は、石原慎太郎の小説を全文暗誦《あんしょう》するほどまでに読みこんだことで有名だ。少年時代は図書館に通いつめ、「本の虫」のようにあらゆる本を読み漁《あさ》っていたそうだ。そんな見城社長だが、愛読書『週刊少年サンデー』と『週刊少年マガジン』をきっかけに、どんどん本を読むのが好きになっていったのだという。**知的冒険の旅は、マンガを入口として始まることだってあるのだ。**

いまや日本の映画界のみならず、ハリウッドもマンガに着目している。『ゴジラ』に続き、『君の名は。』や『進撃の巨人』をはじめ、これから次々と日本のマンガやアニメがハリウッドで実写映画化される。日本のマンガコンテンツを世界が奪い合う時代がやってきたのだ。

2018年には、電子版のマンガ単行本の販売額が初めて紙を逆転したそうだ。スマホ用マンガアプリのビジネスでも、無限大の市場が世界に広がる。

経済の話題になると、やたらと「失われた10年」「失われた20年」という暗い言い方がされるわけだが、悲観する必要なんてまったくない。**マンガという唯一無二のキラーコンテンツを世界市場で展開できれば、少なくともコンテンツビジネスにおいては明るい未来が待っている。**

堀江の結論

①

世界に目を向ければ
マンガ市場は真っ青なブルー・オーシャン

②

ビジネスエリートほど、
積極的にマンガを読むべきだ

③

幻冬舎社長の見城さんは、
マンガをきっかけに大の読書家になった

「オリジナル至上主義」のウソ

31

すがすがしいまでの「パクリ根性」が経済を回す

「オープンソース」「オープンイノベーション」で技術が発展

ビートルズの音楽は、世界中のミュージシャンにとっての基本形、教科書となった。ロック系のミュージシャンであれば、誰しもビートルズの音楽を耳コピーし、模倣した経験があると思う。

音楽に限らず、文学でも建築でも、**ものづくりにおいては、初めから「100%完全なオリジナル」なんてものはありえない。**「独自性」「差別化」「オリジナリティ」などとゴタクを並べる奴《やつ》に限って、たいてい失敗する。

従来の社会では、ごく一部の職人や専門家だけが技術や情報を独占してきたが、**インターネットの登場によって、情報を独り占めすることの価値は薄まった。**逆に情報を外に向けてオープンにする「オープンソース」「オープンイノベーション」によって、技術が発展するスピードが幾何級数的に加速したのだ。

誰かが新しいプログラムコードやツールをつくったとする。その情報をフルオープンで公開し、世界中のITオタクやプログラマーの手で改良してもらい、もっと使いやすく便利なものへとアップデートを重ねる。情報や権利を特定の集団で囲いこむという、クローズドな体制をとっていては、めまぐるしく移りゆくグローバリズムの変化にはとてもついていけないだろう。

プログラマーの世界では、よく**「車輪の再発明」**というキーワードが使われる。すでに車輪という便利なツールがあるのに、自社ブランドの車輪をゼロから開発し直すほど愚かなことはない。そんなことをしている暇があったら、車輪にかぶせるタイヤを改良したほうがいいし、これまでにない斬新なカラーやデザインを考えたほうがいい。

つまるところ、僕は「いいものは自由にパクれる世の中」こそがベストだと思っている。「中国企業が知的財産をパクりまくっている」とブチギレる人がいるが、**日本の企業だって他社の製品を徹底的に研究し、ひそかにパクっているではないか。**即席麺のメーカーであれば、他社のスープや麺の成分を科学的に分析するのは日常茶飯事だろう。

出版業界だって、ベストセラーのタイトルやブックデザイン、本文のレイアウトや小見出しのつけ方、プロモーションの打ち方などを研究し尽くして、各社がメソッドをパクリ合っている。もちろん「盗用」や「剽窃《ひょうせつ》」に匹敵する著作権侵害はまずいが、**「良いメソッドはなんでもトレースしてやろう」というすがすがしいまでのパクリ根性をもつことは大事だと思う。その欲望こそが経済を回すのだ。**

「牛角」のオペレーションは「マック」のパクリ

素晴らしいことに、オープンイノベーションの波はこのところ飲食店業界にも押し寄せている。飲食店のなかには同業者の出入りを忌み嫌ったり、SNSに写真を載せることさえNGというお堅い店もある。でも**今の時代、門戸を閉ざすことにメリットはない。**

食の都ニューヨークでは、SNSを利用してシェフ同士が連絡を取り合い、キッチン完備のシェアスペースに集まって情報交換している。自分が知っている食材の取り扱い方や料理の裏テクニックなどを、同業者にも教えてしまうのだ。その結果、ますますレベルの高い料理が考案されるようになり、**業界全体が盛り上がって客が増える。**彼らは「foodie《フーディー》」と呼ばれるグルメ客とも仲良くして、ほかのレストランの最新情報を収集している。

「牛角」グループを創業した西山知義氏は、マクドナルドでアルバイトしているときに、ハンバーガーづくりがムダなく合理的にマニュアル化されていることに驚愕《きょうがく》した。そこで**「この仕組みを焼き肉屋に取り入れてみたらどうか」と思いついたのだ。**

和牛専門店「THE WAGYUMAFIA」を立ち上げてみてわかったことだが、牛肉は大量の脂肪をまとっているため、余計な脂肪をきれいにそぎ落としてスジと分離するのに手間がかかる。フィレのなかにはシャトーブリアンと呼ばれる希少部位があるし、ほかにも無数の部位を細かく切り分ける必要がある。

西山氏は、かつて一部の職人しか知らなかった肉さばきをマニュアル化し、オープンソースとしてアルバイト店員にもシェアした。そのおかげで、**熟練職人でなくても肉を扱えるようになり、牛角はおいしい肉を安い値段で提供するという革命を起こしたのだ。**

「特許によって既得権益を守る」「発明した者だけが情報を専有する」という20世紀的価値観は、時代錯誤だと思う。**特許という鎧兜《よろいかぶと》で情報を囲いこむのではなく、ノーガードで情報を放出する。**複数の同業他社を巻きこんで、業界を盛り上げることができれば、市場そのものが拡大するのだ。極端な話、特許制度なんて廃止してもいいと思う。

あらゆる「モノ」がインターネットにつながっていくIoT（Internet of Things）とオープンイノベーションは、現実世界までグングン波及してきている。**今はスピードと、アイデアを実行する力で勝負する時代なのだ。**

堀江の結論

1

オープンソースにして「いいものは自由にパクれる世の中」こそがベストだ

2

特許制度なんて、廃止したっていい

3

今はスピード&アイデア実行力で勝負する時代だ

「出版不況」のウソ

32

本をバカにしている人は正真正銘のバカである

「知的アピール」のツールとして最強

出版社の社員や書店員は、口を開けば「本が売れない」「出版業界は斜陽産業」と言う。愚痴《ぐち》を言っている暇があったら、売れる本をつくるために頭をひねってほしい。

僕の本は毎月のように出版されているが、**どの出版社にも「初版部数3万部以上」という最低条件をつけている。**今の出版業界ではありえない数字らしい。だが僕の本は、それでもよく売れる。**10万部を超えるベストセラーも珍しくない。**

紙の本をバカにするのは、本という「パッケージ」がそもそもつ力を知らない愚か者だ。3万部以上を刷れば、全国津々浦々、大都市から田舎に至るまで、あらゆる書店の棚に僕の本が並ぶ。たとえば主要都市や駅周辺の大型書店では、新刊コーナーのいちばん目立つ場所に僕の本が平積みされる。

新聞広告や書評、著者インタビューの露出まで含めれば、**1冊の本を出すことで生まれる宣伝効果ははかり知れない。**活字となり、編集者やライター、校閲《こうえつ》マンなど多くのプロのチェックを経て印刷された僕の本が、書店に必ず並んでいるという事実。言わずもがな、小中学生や子育て中の主夫や主婦、現役会社員やリタイアした世代までにわたり、あまねく人々の目に触れることになる。

世間一般的に「インテリ」とされている人々（たとえば企業の幹部や教職員、大学生など）は、書店に足を運ぶ頻度が比較的高い。僕の新刊がそういう人たちの目に触れるだけで、僕は社会的信用を得られるというわけだ。いわゆる**「知的レベルが高い人」たちが集まる場所に、優先的に広告を出しているようなもので、ターゲッティング広告さながら、とても効率よく宣伝効果を得られる。**

刑務所での服役を終えたのち、僕は「ミリオンセラープロジェクト」を立ち上げて『ゼロ』という本をつくった。この本を１００万部売るため、全国の書店を回って無数のサインを書きまくり、出版流通のシステムを裏の裏まで勉強した。結果的に『ゼロ』はミリオンセラーにはならなかったものの、40万部も売れた。刑務所での苦渋の日々を経て、本がもつ無限の力と可能性を肌身で感じた。

かつて、「右手にジャーナル、左手にパンチ」などと言われた時代がある。政治・社会に関心をもつ者ならば、『週刊少年マガジン』や『平凡パンチ』のような軟派雑誌だけでなく、知的な『朝日ジャーナル』を読むのが当たり前、とされていた時代があった。

インテリはこぞって雑誌『世界』に載る論文を読み、岩波新書や文庫を読み漁《あさ》った。

本を通じて、われ先にと知的武装した。**彼らにとって、書斎にうず高く積まれた本の山＝「積ん読」は、自分が知的な人間であることのアピールだった。**

出版業界の再販制はいずれ崩れる

こうした風潮は、今も変わっていないと思う。スポーツ選手を取材するテレビ番組なんかを見ていると、よく自室の本棚まで背景に映りこむ。ニーチェやサルトル、バタイユの本なんて置いてあれば、それだけで知的読書人と見なされる。

読者のみんなにも、思い当たるフシがあるのではないか。自宅に恋人や友達を呼べば、訪問者の誰もが書棚に並んでいる本のタイトルをチラ見するだろう。書棚とは、家主の脳ミソの中身を可視化したものにほかならない。**「自分を知的な人間としてブランディングしたい」。そんな欲求をもつ人は、紙の本を買って手元に置いておきたいものだ。**そんなニーズに的確にリーチすれば、今後も本は確実に売れる。

現在の出版業界では、日販やトーハン、大阪屋栗田といった取次《とりつぎ》（本や雑誌の問屋）が本の流通を管理している。業界には再販制（再販売価格維持制度）というルールがあり、本は定価よりも安くすること（＝割引セール）が許されない。

再販制はいずれ崩れ、本の定価がなくなる価格変動性（ダイナミックプライシング）が導入されると僕は予想している。アマゾンはリアル書店と同様に、取次を通して本を発注してきた。そのせいで、商品が客の手元に届くまでに2週間、3週間ものタイムラグが発生してしまう。在庫の有無さえわからないまま時間だけが経過すれば、アマゾンに「在庫切れ」という情けない表示が出たままになる。

こうした事態を避け、「いつでも店頭に商品が並んでいる状態」をつくるために、**アマゾンは取次を通さず、出版社と直接取引きすると宣言した**（やや専門的な話なので、もっとくわしく知りたい読者は「バックオーダー　アマゾン」で検索してみてほしい）。

村上春樹の新刊や『ONE PIECE』の単行本を発売日より前にフライングゲットできるとか、サイン本を入手できるといった特典をつけて定価よりも少しだけ値上げするとか、発売から長い年月が経《た》ったロングテール本（中小出版社が出す少部数の本など）は思い切って値下げするとか、**ダイナミックプライシングが始まれば出版業界はもっと面白くなる。**

そんな時代を見据えて、僕は今までにない新しい本を出したい、とワクワクするのだ。

堀江の結論

①
紙の本は「宣伝ツール」としてものすごく効率がいい

②
インテリアピールしたい人たちの「積ん読」需要をあなどってはいけない

③
価格変動性が導入されれば出版業界はもっと面白くなる

「宇宙は遠い存在」というウソ

33

民間企業が参入すれば海外旅行のノリで宇宙旅行できる時代が必ずやってくる

ジェフ・ベゾスとイーロン・マスクの挑戦

ライブドアを立ち上げたり、プロ野球チームやニッポン放送、フジテレビを買収しようとしたり、僕は今まで尋常でない「多動力」を発揮してきた。総選挙に出馬して国会議員になろうとしたこともある。そんな僕だが、**今ではすっかり「ロケットと和牛の人」となってしまった。**今、なぜロケット打ち上げ事業に身をささげているのかを説明しよう。

2000年、アマゾンのジェフ・ベゾスがロケット開発に乗り出した。彼は将来、宇宙で数百万人規模が働き暮らす時代がおとずれると予測する。**02年には実業家イーロン・マスクも宇宙開発事業に乗り出した。**05年には、僕もインターステラテクノロジズというベンチャーをつくってロケット打ち上げプロジェクトを手がけている。

18年には、北海道大樹町《たいきちょう》で打ち上げた「MOMO」2号機がド派手に墜落爆発し、その模様はCNNまでが報じた。テレビ局の人からは「すごい画をつくったね」と褒《ほ》められる(?)始末だったが、僕はまったくへこたれていない。**「MOMO」3号機の打ち上げに向けて、今日も粛々と準備を進めている。**

半導体の技術革新によって、ロケット打ち上げに必要な機器は、小型化と低コスト化が進んだ。**NASAやJAXAのような政府主導のプロジェクトのみならず、民間でも充分、宇宙開発が可能な時代になった。**

それにもかかわらず、宇宙飛行士以外の「普通の人」がほとんど、宇宙に行けていないのはなぜだろう。理由は単純、コストのせいだ。レーガン大統領の「スターウォーズ・プロジェクト」（戦略防衛構想）以来、宇宙開発の主導権はつねに国家が握ってきた。安全保障に直結するものと考えられてきたためだ。**そこに競争原理が働くはずもなく、長らくコストダウンが図られることはなかった。**

目指すは「ロケット界のスーパーカブ」

21世紀に入ってから、規制緩和によって日本国内でも民間企業が宇宙開発に乗り出せるようになった。市場原理と競争原理が働けば、コストダウンと商業化という当たり前のことが可能になる。一人何十億円ものコストをかけて宇宙に飛ぶのではなく、**海外旅行にでも出かけるようなノリで宇宙旅行ができる時代が必ずやってくる。**

目的地にたどり着くまでには、プライベートジェットやフェラーリで出かける方法もあれば、ホンダのスーパーカブにまたがって時速30キロでのんびり旅行する方法もある。むしろ目的地によっては、小回りの利《き》くスーパーカブのほうが便利だったりもする。

僕らが実現したいのは、超小型衛星によるコンパクトな宇宙旅行だ。「ロケット界のスーパーカブ」を目指しているわけである。

重厚長大な最高級ロケットを国に納品するドラマ『下町ロケット』のノリだと、宇宙開発の構造は変わらない。コストを抑えるため、部品は可能な限り民生品を使う。量産したロケットは再利用せずに、一回きりで使い捨てる。**「世界最低性能のロケット」によって、コストを最小限に抑えるのだ。**

イーロン・マスクのスペースXは2002年に設立され、07年にはロケット打ち上げを成功させた。従業員は6000人に膨らんでいる。人口約6000人の北海道大樹町で、僕らのプロジェクトがスペースXなみの新しい雇用を生み出すのも夢物語ではない。世界の宇宙開発市場は、いまや35兆円規模といわれる。ジェフ・ベゾスの構想が現実になれば、『機動戦士ガンダム』に出てくるような**巨大スペースコロニーが宇宙に生まれ、想像を絶するような経済革命が起きる。**地球外探査が進めば、たとえば小惑星から大量のレアメタルをもち帰れるかもしれない。

北朝鮮では核開発が進んでいるという。トランプ大統領はＩＣＢＭ（大陸間弾道ミサイル）が自国まで届かないようにするため、米朝交渉に積極的だ。当然ながら、同じロケット開発でも、僕が取り組むプロジェクトのアプローチはまったく違う。

人種や国境、宗教の違いなどといったチンケな「ボーダー」に、僕はとらわれない。宇宙に飛び出せば、差異なんてすべて乗り越えてしまうボーダレスな営みが待っている。やや大袈裟《おおげさ》なことを言えば、**僕が取り組むロケット打ち上げプロジェクトは世界平和にも直結すると思っている。**

「ＭＯＭＯ」３号機の打ち上げを成功させて、宇宙から地球を眺めてみたい。**地上でいがみ合ってばかりいる不寛容な人間たちが宇宙に飛び出せば、パラダイム・シフト（世界観の変化）が必ず起きる。**

今の宇宙産業を取り巻く状況は、ＩＴ革命の夜明け前とよく似ている。ＩＴ革命後、世界では「第四次産業革命」と呼ばれるＩｏＴ（Internet of Things）革命、そしてＡＩ革命が起きた。**きたるべき「第五次産業革命」は近い将来、宇宙開発によって実現するのだ。**

堀江の結論

①
技術革新のおかげで民間企業が宇宙開発できる時代になった

②
「普通の人」がほとんど宇宙に行けていないのはコストの問題だ

③
「世界最低性能のロケット」開発で宇宙旅行が可能になる

おわりに

僕の発言はしょっちゅう炎上する。

いわゆる「常識」をものともせず、なんでもズバズバと口にしてしまうからだろう。

僕はタレントでも、コメンテーターでもない。たとえテレビに出て「不適切」な発言をし、テレビ界から干されたとしても、ノーダメージだ。

世間、などという曖昧なものからどんなに叩《たた》かれようと、痛くもかゆくもない。


本書を最後まで読んでくれたみんなには理解してもらえると思うが、僕はけっして思いつきのトンデモ発言をかましているわけではない。自分なりの視点をもって思考し、論理的に意見を述べているだけだ。

正論を言って炎上するのなら本望だ。

「常識」を疑え。この本の「はじめに」で、このように書いた。

察しのいい読者は、もう気づいているかもしれない。僕は、僕がこの本で主張することについても疑ってもらいたいと考えている。


「ホリエモンが言っているんだから、きっと正しいんだろう」

そんな思考の「コピペ」をされたところで、僕はちっとも嬉しくない。いや、その正反対にガッカリだ。「常識を疑う」代わりに「堀江の言うことを信じる」のでは、まったく意味がない。自分自身の頭でなんにも考えていない、思考停止状態に陥っているも同然じゃないか。この本を上梓《じょうし》した意味がなくなってしまう。


「それっておかしくね？」と、少しでも心に引っかかることがあったのなら、自力で情報収集してみてほしい。どこまでも食い下がり、思考する癖をつけてほしい。そのうえで反論してもらうのは大いにけっこうなことだ。

僕はよく、新聞やテレビなど、大手メディアの報道をディスるけれど、だからといって「マスゴミの言うことは全部ウソ」なんて決めつけることもまた、間違っている。そのことにも気づいてほしい。

「常識」はいつだって、僕たちの自由な思考を縛ろうとする。この事実をスルーしてはいけない。鈍感になってはいけない。

「それっておかしくね?」と、気づける人にしか、大きなチャンスはやってこない。

これだけは「疑いようのない事実」と、最後に言っておきたい。

２０１９年４月　堀江貴文

堀江貴文

TAKAFUMI HORIE

1972年、福岡県八女市生まれ。実業家。
SNS media & consulting 株式会社ファウンダー。
現在は宇宙ロケット開発や、
スマホアプリのプロデュースを手掛けるなど幅広く活動を展開。
有料メールマガジン「堀江貴文のブログでは言えない話」は
1万数千人の読者を持ち、
2014年には会員制のオンラインサロン
「堀江貴文イノベーション大学校（HIU）」をスタート。
近著に『多動力』（幻冬舎）、
『10年後の仕事図鑑』（落合陽一氏との共著、SBクリエイティブ）、
『バカとつき合うな』（西野亮廣氏との共著、徳間書店）などがある。

ブックデザイン　杉山健太郎
カバー写真　柚木大介
本文DTP　inkarocks
構成　荒井香織

疑《うたが》う力《ちから》

「常識《じょうしき》」の99%はウソである

2019年5月 8日　第1刷発行
2019年9月25日　第3刷発行

著　者　堀江貴文
発行人　蓮見清一
発行所　株式会社宝島社
〒102-8388 東京都千代田区一番町25番地
電話　営業 03(3234)4621
編集 03(3239)0646
https://tkj.jp
印刷・製本　サンケイ総合印刷株式会社

ISBN 978-4-8002-9369-5